口下手《くちべた》でも
トップになれる

営業術

知っているようで知らなかった、
「トーク」よりも大切な営業の基礎

大岩俊之
Toshiyuki Oiwa

はじめに

営業で成果をあげるのは、極めてシンプルなことを積み重ねている人です。その事実を伝えるべく、これから営業職に就きたい人、営業をはじめたばかりの人、営業成績が伸び悩んでいる人に向けて、1冊の本にまとめました。

私は会社員時代、電子部品、半導体、パソコンなどを扱うメーカーや商社で、15年ほど営業の仕事をしておりました。手前味噌ではありますが、営業マン時代の成績はほぼトップクラスをキープし続けることができ、その経験をもとに、現在は「伝え方」「伝わり方」「信頼関係構築の専門家」として、法人営業研修、営業同行指導、営業コンサルなどを行い、営業マンの育成をしています。

この話を聞くと、著者は、「とても話が上手で、人に交渉する能力、買わせる能力が優れた人だったのではないか」と想像される方もいるかもしれません。しかし実は、私は「人に物ごとが強く言えない」「頼みごとができない」「交渉や説得するのが苦手」な営業マンだったのです。

理系出身で、もともと営業の仕事とは縁遠いところにいましたし、「買ってください！」と人にお願いすることができない性格でした。そんな自分がまさか営業マンとして活躍できるとは、想像もしていませんでした。

法人向けの営業の仕事に就いてから、最初のうちは、お客さまとのやり取りにとまどいましたが、慣れていくにつれお客さまからの評判もよくなり、商品を買っていただけるようになりました。なぜなら、相手を説得したり、言葉巧みにお客さまをその気にさせるテクニックより、営業マンとしての「基本のスキル」の方が重要だとわかったからです。そう、営業マンというのは、基本さえしっかりできていれば、口下手でも大丈夫だったのです。

ですが、営業マンになってからも「お客さまに買ってください！」とは言えないのは同じでしたので、お客さまと仲よくなって、お客さまの方から商品やサービスに興味を示すのを待つしかありませんでした。そのために私は、他の営業マンがやっている「自社の商品の紹介をすること」はほとんどせず、長くお客さまと接点を持つための方法ばかりを徹底的に考えていました。

例えば、このようなことです。


「どうしたら、私に会ってくれるか？」

「次にアポが取れるようにするには、どうしたらいいか？」

「お客さまが困っていることは何だろう？」

「お客さまが興味を示してくれる話題は何だろう？」

「どうしたら、自社の商品に興味を持ってくれるだろうか？」


そんなことをいつも考えながら営業活動に励んでいると、

「どのようにしたらお客さまが喜んでくれるのか？」

「何を提案したらお客さまが興味を示すのか？」

といったことが分かるようになってきたのです。

営業というお仕事は、口下手でも、交渉が苦手でも、十分通用します。

現在では講師という職業で独立し、7年経過しました。しかし営業の基本スタイルは変えず、会社員時代の営業マンのときと同じように、講師としての営業活動をしています。

自己啓発本に書いてあるような「人に会ってすぐ、1分で自分を表現する」ことや、「1~2回お会いしただけで、すぐ仕事に結び付ける」などのアピール力は、いまだにありません。それでも、独立してから時間はかかりましたが、毎年仕事が増え続け、取引をさせていただいているお客さまとは、長いお付き合いができています。

いろいろな企業で、営業マンの育成をしてきましたが、話し方や交渉力などのテクニックを磨くより、人間の心理を考えた基本スキルをマスターする方が、確実に成果が出ています。

この本では、私が培ってきたものの中でも、とくに大切な「基礎」を次の5章にまとめました。

・トークより大事な営業の「心構え」
・「基本」さえ磨けば口下手でも勝てる
・「口」が苦手なら、「頭」と「足」で戦え
・コツさえ掴めればセールストークは身に付く
・トップセールスマンになるための「成約術」

ぜひ、みなさんのビジネスに活かしてください。この本が、みなさまのお役に立てれば、これほど嬉しいことはありません。

大岩俊之

目　次

第3章 「口」が苦手なら、「頭」と「足」で戦え 83

第4章　コツさえ掴めばセールストークは身に付く

第5章　トップセールスマンになるための「成約力」　191

第1章

トークよりも大事な営業の「心構え」

1

「すべての人に見られている意識」が大切

だれに対しても同じ態度で接する

営業マンとしてまず大前提となる心構えは、「いつ、どこで、だれに見られても恥ずかしくない行動」をとることです。

とくに「営業」という職種は、一見商品を売るのが仕事と思いがちですが、実は「営業マン自身」が一番の商品であり、日頃から多くの人に信頼される人間でなくてはなりません。

その部分を理解できていないため、多くの営業マンは、直接かかわりのある客先の担当者や、利害関係が発生する人だけをお客さまと考え、それ以外の人を軽視してしまう傾向があります。

そこで、まずは「すべての人に見られている」と意識することが、どれだけ大切なのかをお伝えしていきます。

例えば、みなさんの会社がメーカー（製造業）で、お客さまが商社や販社である場合、みなさんの客先担当者も営業マンであることは多くあります。

もしくは、受発注のやり取りが多い場合は、客先の事務担当者と話し合うことになるでしょう。

新人営業マンは、まず客先の担当者に気に入られようと一生懸命になります。何度も何度も顔を出して、自分のことを覚えてもらえるように努力したり、さらには、信頼関係を構築するために共通の話題を探したり、新しい商品が出ると、それを紹介しに訪問するようになります。

このように、一生懸命自分を覚えてもらおうと努力することは、とても素晴らしいことです。ですが、**あまりにも一生懸命すぎて視野が狭くなってしまい、大切なことを見逃してしまうケースが出てきます。**

ズバリ言います。

「みなさんのお客さまは、担当者だけではありません！」

とくに新人営業マンは、客先の担当者しか目に入らなくなってしまうことが多くあります。客先の担当者といろいろなやり取りをして、最終的には、商品を買っていただくわけですが、**営業マンであるあなたも、客先の担当者も、お互いの会社を代表して、その場でやり取りをしているのです。**

私が、営業マンであった会社員時代に目にした、他社の営業マンAさんの失敗例をご紹介します。

Ａさんは東海地区で有名な、某ＡＶ（オーディオ・ヴィジュアル）メーカーをお客さまとして担当していました。そのメーカーでは、担当者以外にも契約社員、派遣社員の方もおり、さまざまな役割の人がたくさん働いていました。今の時代は働き方が多様化しており、さまざまな雇用形態の方が、１つの企業で働いていることが当たり前になっています。

前述のＡさんは、客先の担当者には腰が低く丁寧に接するのですが、アシスタントや受付、事務職の女性などには、偉そうにとは言わないまでも、明らかに担当者に対するものとは異なる、いい加減な態度で接していました。

たとえ小さな態度の差でも、必ず相手には伝わります。アメリカの心理学者のアルバート・メラビアンが発表した**「メラビアンの法則」**にもあるように、相手に伝わるのは、**言葉などの言語的情報が7％で、言葉ではない、顔の表情、雰囲気、身振り手振り、声の大きさ、口調などの非言語的情報が93％だと言われています。**

言葉にしなくとも、あなたの雰囲気から、相手に対する気持ちが伝わってしまうのです。

その結果、女性アシスタントから「あの営業マンは感じが悪い！」というAさんの噂が広まってしまいました。そして当然、客先の担当者の耳にも入りました。その担当者も、人によって対応を変えていることや、同じ社内で一緒に働く人に対応がよくないと聞けば、いい気持ちがするはずがありません。

客先にとってはAさんの会社の製品が必要でしたし、重大なミスをしたわけではありませんので、出入り禁止や取引停止になったわけではありませんでしたが、確実に、Aさんは営業活動がしにくくなり、結果的にその客先でのシェアを落としてしまいました。

「客先で働く全員がお客さま」という意識

重要なのは、担当先の会社で働くすべての人がお客さまだと意識することです。

そしてポイントは、月並みですが「笑顔」で接することです。

ちなみに、**私はこれを、「全員笑顔の法則」と呼んでいます。**自分に関係がある・なしなどを考えてはいけません。客先の会社に一歩足を踏み入れたら、その会社の全員に感謝を込めて「笑顔で接する」ことに徹しましょう。

大手企業の建物に入ると、たいてい、受付の方がいます。大手企業の工場であれば、入退出と危険物の持ち込みや、盗難を管理する守衛さんがいます。これらの方々も、当然お客さまなのです。

話は変わりますが、私がお客さまに誘われて、取引先で開催されたキャンプに行ったときのことです。そこで知ったのですが、その会社の守衛さんと私の会社の購買部の担当者は、実は非常に仲がよかったのです。

こういうこともあるので、**たとえ守衛さんからでも、対応が悪い営業マンの情報は確実に伝わっていると思ったほうが賢明です。**

自分とは関係がない他部署のお客さまは、自分が、どの会社の営業マンか分からないと思っている人がいるかもしれません。

しかし実は、自社の社名やロゴの入った紙袋を持っているときもあります。胸に付けた名札で、自分がどこの会社の人間なのか分かるときもあります。

もちろん、お客さまが大手企業でない場合も同じです。客先の入口を入ったら、受付の近くにいる方、もしくは用件を聞いてくれる方が出てきてくれます。その方も、先方の会社で働いている一員なのです。当然、丁寧な対応を心掛けましょう。

また、会議室にはお茶を運んでくれる方もいるでしょう。このような方にも、敬意を忘れないで下さい。とにかく笑顔です。そして、**自分に対応してくれた方には、きちんとお礼の言葉を伝えることです。**

私が会社員時代、持ち前の好奇心から、客先から評判のいい営業マンやシェアが高い会社の営業マンについて研究をしたことがあります。客先で接点のある担当者、アシスタントの女性から徹底的にヒアリングしたのです。

その結果、**客先から評判のいい営業マンは、共通して「感じがいい」ということが一番の条件でした。**とにかく、だれにでも笑顔で接しているのです。担当者だけではなく、アシスタントの女性にも、笑顔で気軽に話しかけているのです。

私もこれを見習って、「全員に笑顔で接する」「アシスタントの女性にも笑顔で声かけをする」などを、常に意識してきました。こうしたことを続けていると、自然と「評判のいい営業マン」になるものなのです。

「みなさんのお客さまは、担当者だけではありません！」
「客先で働く全員がお客さまです！」

これを意識して、日々営業活動に励んで下さい。

2

実はメリットが多い「30分前行動」

「遅刻」は百害あって一利なし

営業マンにとって、商談に遅刻するということは、自分が思っている以上に大きなマイナス要素となります。それ以前に、社会人としての「心構え」がなっていないと言っても過言ではありません。

自分という人間を商品とともに売り込む営業マンにとって、「遅刻」というのは、まさに命取りともいえることです。お客さまへ事前に一報を入れても、やむをえない交通事情があったとしても同じです。

それは営業マンの都合であって、お客さまには関係ありません。「遅刻」というのは、営業マンが一番重視しなくてはいけない言葉なのです。

私が、営業コンサルや営業研修で受講者に伝えていることは、商談の大小にかかわらず、まず**「待ち合わせ場所には30分前着がマスト」**だということです。

もしかしたら、ちょっと早すぎではないかと思われる方もいるかもしれませんが、そんなことは決してありません。

あなたが最優先すべきは、「自社でギリギリまで仕事をこなし、いいタイミングでお客さまのところへ到着すること」ではなく、**「遅れないこと」です。**

早く到着しすぎて仮に時間が余ってしまったのなら、その時間を有効に活用すればいいのです。「**忙しい」は、まったく言い訳になりません。だれだって忙しいのです。**その中で、あえて30分前にお客さまのところへ到着するようにスケジューリングするのも、営業マンとして大切な心構えの1つなのです。

では、遅刻がもたらすデメリットとは具体的になんでしょうか。

真っ先に挙げられるのは、大切な商談の時間を逸してしまうことです。成約を得るためには、時間をかけて商談を重ねることが重要ですから、その商談時間をみすみす失うということは、成約への確率を著しく下げていることと同義です。

たかだか5分、10分の遅刻が、大きな損失になる可能性があることを重く受け止め、十分に意識しておかなければなりません。

また、それ以上に考えなくてはならないのは、あなたが遅れたせいでお客さまが時間を損失してしまうことです。

とくに大手企業の担当者などは、1日にたくさんの営業マンと商談をします。1社に使える時間は、多くても1時間程度でしょう。

ここであなたが10分遅刻をしたせいで商談時間がずれ込んでしまったら、**お客さまのその日の予定、仕事のペースをすべて狂わせてしまうことになります。**

それがどれだけ大変なことかを、あなたはきちんと心得ておくべきです。

しかし、こうしたことを理解していても、遅刻は起こる場合があります。

かつて私が、半導体の商社に転職したばかりのころ、トヨタ系列の自動車部品メーカーへの訪問に遅刻してしまったことがあります。

私は常に30分前行動を意識しているので、遅刻することはまずありません。ただしこのときは、半導体メーカーの方と現地で待ち合わせをし、二人で一緒に客先を訪問する予定でした。

しかし、別の会社の人との同行営業に慣れていなかった私は、このとき半導体メーカーの担当者と「何分前に待ち合わせてお客さまのところへいきましょう」と、きちんとすり合わせできていなかったのです。

結果、半導体メーカーの担当者が渋滞につかまり、二人揃ったときにはすでに約15分遅刻していました。もちろん、事前に客先の購買担当者に遅れる旨の一報を入れておいたのですが、すでに担当者は商談のやる気も失せており、打ち合わせもとりとめのない話で終わってしまいました。

この日は半導体メーカーの担当者との同行なので、いろいろと客先の状況をヒアリングしなければいけなかったのですが、遅刻が原因で結局お互いに時間のムダとなってしまいました。

そしてそれ以降、購買担当者とのアポがなかなか取りにくくなってしまいました。

「遅刻」が致命傷になることも…

新人や営業初心者のうちは「時間」への意識も高いため、あまり問題は起こらないのですが、慣れてくるとしだいに「気の緩み」が出てきます。

担当の客先を持つようになると仕事も忙しくなるので、移動時間のギリギリまで仕事をして、それから外出するようなことになったりします。

しかし、この「慣れ」が要注意なのです。

そこで、私が客先への訪問時に遅刻しないようにするために工夫している方法をお伝えします。

1日にたくさんの客先を訪問しなければいけない営業スタイルの場合は別ですが、とくに大手企業とじっくりつき合っていくスタイルの営業の場合は、1日に訪問する会社はそれほど多くはありません。

そんなときは、午後一番からのアポを入れるのです。13時や13時30分などの時間にアポイントを設定するのが望ましいでしょう。

このケースでは、移動に1時間かかる場合には、出発時間は11時から11時30分くらいがベストです。そうすると、昼食の時間で調整ができるため、まず遅刻することがなくなります。

また車で移動する場合は、なかなか時間が読めません。つい、渋滞を考慮せず、スムーズにいけた場合の時間設定をしてしまいます。時間ギリギリは、交通安全の観点からも、絶対にいけません。

しかし、そうなるとお客さまのところに早く着きすぎることも出てきます。私は**「待ち時間攻略の法則」**と読んでいますが、そんなときには「時間を持て余す」と考えるのではなく、待ち時間を有効に使うのが賢いビジネスマンの行動です。

訪問先の近くで待機して、これから行う商談のシミュレーションをしたり、商品の知識を再確認したりする時間にするのです。

よい商談にするためには、心に余裕を持つことも大切です。コーヒーなどを飲みながら、気持ちを落ち着かせるのもいいでしょう。これも、立派な待ち時間活用方法です。時間ギリギリで焦って商談に臨むよりは、有益な時間の使い方です。

中でも初めての客先で、自分が知らない土地の場合は、とくに早めの行動を心掛けましょう。周囲の人に移動に要する時間を聞いたからといって、真に受けてはいけません。

車の場合は道も分かりませんし、電車の場合は、乗り換えに迷うこともあります。必ず「迷う」ことを想定して行動するのです。

東京や大阪などの大都市圏で電車移動をする場合、スマートフォンの電車乗り換えアプリを使うことがあります。こうしたアプリは便利なのですが、だからといって絶対にアプリが示した時間通りに行動してはいけません。**アプリが示すのは、まったく迷わず、効率よく行けた場合の時間です。電車だからと安心するのは大間違いで、とにかく早め、早めの行動を心掛けましょう。**

時間ギリギリの方が自分の仕事をする時間も増え、一見効率がいいように思えますが、その考えは間違っているので改めましょう。

「30分前到着」をぜひとも実践してみてください。遅刻で失うものはとても大きく、場合によっては取り返しがつきません。とにかく時間に余裕をもって行動することを、まずは徹底しましょう。

3

「できる人をマネする」のもスキル

他人に学ぶ力も、できる営業マンへの第一歩

営業初心者がトップセールスの敏腕営業マンになる一番の近道は何でしょうか。

それは**トップセールスの敏腕営業マンをマネすることです。**

といっても、口下手な人や新人営業マンに、一朝一夕にできることではありません。しかし「できる人から学ぶ」という心構えは、営業という仕事にとってとても大切なことです。

敏腕営業マンの一挙手一投足をマネしようと観察していく中で、得られるものは想像以上に大きなものがあります。

そうやって**「他から学ぶ心構え」こそ、営業には必要な力なのです**。自分がある一定のラインを超えて、トップセールスマンになっていきたければ、先輩や上司のアドバイスだけでは足りないことも出てきます。

私も若手営業マン時代に苦しい体験をしてきましたが、自分で試行錯誤しても、この先どうしたらいいのか分からないことが出てきます。こういう状況をそのままにしておくと、どこかで行き詰まってしまいます。

そんなときは、他の人からアドバイスを受けるのが一番です。まずは、直属の上司や先輩の話を聞くことになりますが、さらに勉強するという視点で、他にも学べる人を探してみましょう。

しかしながら、ノウハウを座学で学ぼうとしても、身にはつきません。職人の修業のように、間近で観察し、自分の肌で感じ取って、売れるノウハウを少しずつ取り入れていくしかないのです。

トップセールスマンを観察していると、「信頼関係を作るのが上手な人」「相手の話を聴くのがうまい人」「説明が分かりやすい人」「時間の使い方が上手な人」「訪問するタイミングが抜群な人」「お客さまへのプッシュが絶妙に強い人」「商談を粘る人」など、さまざまなタイプの方がいることに気付くはずです。

私が会社員時代に学んだトップセールスマンは、二人いました。一人は、信頼関係を作るのが上手で、お客さまへの対応が丁寧かつ、早い方でした。

一緒に同行すると、お客さまが心から信頼をしているのが私にもよく分かりました。

もう一人は、訪問するタイミングが絶妙な人でした。普段は、いざというときのために、予定は若干空け気味にして余裕がある感じの営業スタイルです。しかし、お客さまからの緊急の依頼があった際には、だれよりも早く駆けつけていました。

どちらの方からも、**私はいろいろな要素を学び、自分に取り入れて生かすことができ、営業マンとして明らかな成長を実感することができました。**

この方法は、心理学用語では**「モデリング」**と呼ばれています。「モデリング」とは、何らかの対象となるモノや人をロールモデル（手本）にして、それと同じような動作や行動をすることです。

プロ野球選手やプロゴルファーなども、自分が参考にできる一流選手を探し、動画で研究したり、時間に余裕があれば、直接見に行ったりもするそうです。

営業マンも、自分とタイプが近い「できる営業マン」を探し、徹底的にマネをするのは理にかなっているといえます。

ただし会社という組織では、簡単に営業マンを見に行ったりするようなことはできません。では、どのようにして、できる営業マンを探し、マネをすればいいのでしょうか？

できる営業マンを探し、同行させてもらう方法

まずは、自分の会社で営業成績が抜群にいい人、つまりトップセールスマンを探すことからスタートです。できれば、営業成績がまあまあいいというレベルではなく、**圧倒的な成績をあげている人に限定してください。**

せっかくなので、**本当にトップの人から学んだほうが効果的です。**

ただし、いきなり何の理由もなく「営業に同行させてください！」では、相手も警戒しますし、直属の上司が認めてくれません。会社のためになり、自分も成長できる理由など、同行する理由を考えて提案してみましょう。

会社の規模が大きい場合には、他部署の営業マンとの同行を認めてもらえないケースもありますが、まずは直属の上司に理由を話し、相談してみるのも手です。

私は、会社員時代に数回の転職をしてきました。前の会社でトップセールスだった

とはいえ、新しい会社に転職すると、分野は同じでも扱う商品は違いますし、会社の方針はガラッと変わります。もちろん、会社が求める営業スタイルも違います。

ある程度自由に任せてもらえる会社もあれば、1ヶ月の訪問件数や訪問タイミングなど、会社の方針に従わないといけないところもありました。


転職したときに、いち早く会社の方針、仕事のやり方に馴染むことを考え、なおかつ、なるべく早く実績を作るためには、できる人、すなわち、トップセールスマンをマネするしかなかったのです。そして**それが、結果的に奏功しました。**

地域が違っても同じ業界の担当者は連携しやすい

例えばパチンコ業界などには、中部地区と関東地区にメーカーが集中しています。なので、業界の勉強と自社の発展を考えると、両地区の連携が必要です。

そこで、私が転職したばかりの頃、関東地区でパチンコメーカーをメインで担当しているトップセールスマンが、名古屋地区の開拓方法を私に教えるために、わざわざ来てくれたことがありました。

パソコンメーカーの営業マンのときも、家電量販店をメインで担当している中部地区名古屋営業所の私は、中国地区広島営業所の敏腕営業マンに話を入れ、よく連携をしていました。

私が担当していた家電量販店は、東海地区がメインエリアのE社と、中国地区をメインとしていたD社が合併してできた会社です。

どちらの会社も地元密着で、安売りの大手量販店が進出してきても揺るがない、昔から人気がある家電量販店でした。

なので、**営業のノウハウをお互いに共有することができ、営業マンにとっては非常に成績をあげやすい状況を維持することができていました。**

このように、職種、特徴、共通する部分などによって、他の組織や他部署と横断的に連携することは、会社にとっても、自分にとっても利点が多いといえます。

自分が属する会社や組織の中で、自分のロールモデルとなるトップセールスマンを探すのが、営業スキルを磨く一番の近道なのは間違いありません。

まずは、自分が学ぶべき人を探し、同行して、トップセールスマンならではの考え方、行動の仕方を学ぶことです。

しかもなるべく、転職したてや新人の頃の方が比較的融通が利くので、転職入社でも新卒入社でも、入社したらすぐに「モデリング」してみることをおすすめします。

ぜひ「できる人」のいいところを、自分なりに取り入れる努力をしてください。

4

「お客さまの幸せ」を第一優先に考える

営業成績が悪いと、自分本位で考えがちになる

新人営業マンは、つい目標やノルマを意識しすぎるがあまり、建設的な営業というよりも「押し売り」のようになってしまう傾向があります。しかし、これでは営業マン失格と言わざるを得ません。

営業マンは商品を売ってこそナンボですが、そこで自分の成績だけを考えるようでは、正直、三流の烙印を押されてしまいます。**では一流の営業マンになるためには、どんな心がけが必要なのでしょうか？**

それは、**本来の筋である、「お客さまのことを考えた商談」をする**ことです。どうしても営業は数字がつきまとうので、成果が思うようにあがらないときほど、自分本位になりがちです。それを理解したうえで、自分の日頃の営業スタイルを客観的に振り返ることを習慣付けておきましょう。

営業マンは、常に目標予算達成や前年比売上アップとの戦いです。そして、売上に関する目標が会社から与えられています。

企業に営業する法人営業でも、目標予算達成や前年比売上アップが達成できない状態が続けば、会社での立場は悪くなるばかりです。査定が下がってボーナスが減ったり、出世競争に出遅れることにもなりかねません。

どちらにしても、営業マンにとって「成績」は死活問題なのです。

しかし、商品の説明中や商談を決めるクロージングの場面などで、自分本位の考え方をしている「売る気満々」の姿は、営業マンの雰囲気、声のトーン、顔の表情、目つきなどから、**必ず、お客さまに伝わり、悪い印象を与えます。**

先述のように、人は話をしている内容などの言語的情報よりも、言葉に表れない非言語的な要素の方が、相手に与える影響が大きいのです。

お客さまにとって、今、必要がないことが分かっているのに「何かと理由をつけて、契約してもらえるまで粘る！」などという考えは、営業マンとしては末期症状で、**お客さまにも大変な迷惑をかけている状態**なのです。

ではこんなとき、どのように気持ちの面でプラスの連鎖にもっていけばいいのでしょうか。

「相手のためになることとは何か」を考えて商談する

営業マンもお客さまも、お互いに人間です。営業は、人と人とのつながり、信頼関係がすべてです。**たとえ会社と会社との商談であっても、話し合いをするのは、会社を代表した「人と人」です。**

相手のことや相手の状況を思いやる気持ちがある人の方が信頼を得られることは、間違いありません。

お客さまは、「親身になって考えてくれる人」「対応がいい人」「頼りになる人」など、信頼のおける人から商品を買いたいのです。そして、その信頼関係を掴むためには、「お客さまのためになることは何か」と、常に考えながら、営業活動を行わなければなりません。

そんなときに役立つ、お客さまのためになり、信頼されるための2つの方法をお伝えします。

信頼されるための1つ目の方法は、「返報性の法則」を利用するというものです。

人は、相手に何かをしてもらったら、お返しをしなければいけないという心理が働きます。「困っていることを助けてもらった相手には、自分も役に立とうと何らかのお返しをする」という自然な人間の心理を利用しようというものです。

お客さまが商品の確保に困っているときには、営業マンが多少無理をしてでも会社や仕入れ先に協力してもらい、商品を調達。お客さまが仕入れ先を増やしたいと思っているときには、他の仕入れ先を紹介する。取引先を増やしたいと考えている企業には、役に立てる会社を紹介する、などなど。**お客さま個人やクライアントとなる会社にとって、役に立つことを率先して行うのです。**

これは、仕事と直接関係のあることだけではなく、間接的でありながら、相手の企業やお客さま個人に役に立つということも含まれます。

私がかつて、パソコンメーカーで働いていたとき、お客さまの役に立った経験をお話しします。

私が扱っていたパソコンは、ＮＥＣ、富士通などのメインのパソコンメーカーではないため、小売店も積極的に売ってはくれませんでした。家電量販店には、商品のランク付けがあり、売らなければいけない順番があります。そのため、一辺倒の営業をしていては、弱小メーカーの製品など売ってはもらえません。

そこで私は、他社がやっていない、自社独自の不良品の引き取り方法を考え、工夫しました。パソコンが不良品であると判断できる何らかの現象が確認できない場合は、不良品として引き取れないのが、この業界の常識です。

そこで私は会社に掛け合って、実際に営業マンが確認しなくても、不良の可能性があるパソコンの引き取りを許可してもらえるようにしたのです。

これは、家電量販店の担当者を助けることにつながりました。パソコンは、他の家電に比べ、非常に不良の発生率が高い商品です。家電量販店担当者もお客さまから「不良品だから交換しろ！」と一方的に言われるケースも多いそうです。

そうなると、家電量販店の担当者は、とりあえず、新品に商品を交換するしかないのです。しかし、先ほど説明したように、不良品かどうか判断できる現象が確認できない場合は、パソコンメーカーは返品引き取りに応じません。

そこで、私が提案した仕組みが家電量販店の担当者間で採用され、他社製品でも返品できないケースを軽減させたのです。担当者は大いに喜んでくれました。

これが、まさしく、「返報性の法則」を利用した営業方法です。**ここでのポイントは、利害関係を考えず、純粋な気持ちで、お客さまのためになることを実行することです。**

そして、**2つ目の方法は「情報は出し惜しみしない」ということです。**

50代以上など、インターネットやSNSが今ほど発達していない時代に育った方は、情報は隠すモノだと考えている傾向があります。

逆に、現代の若い世代は、SNSで情報をシェアするのは当たり前で、ほとんどの情報は、インターネットで調べれば、すぐに見つかると考えています。

年代によって、このようなギャップはありますが、お客さまは、できるだけ自分たちが知らない情報が欲しいと考えています。

新製品の情報は、会社から禁止されている項目を除き、いち早く伝えた方がいいでしょう。他社に真似されるのを避けるため、情報が出揃ってからと考えている企業もありますが、これでは、後手に回ってしまいます。

「次の新製品では、このようなことを考えている」「世の中はこのような流れなので、うちもこのようにしていく予定です」といった情報だけでも、お客さまは、今後の方向性を考えることができるため、すごく喜ばれます。

また、自分の会社の商品を紹介したい場合は、自社の商品だけアピールするのではなく、必ず他社との比較表にして、よい点も悪い点もすべて出すくらいの覚悟が必要です。

このように、自分の都合をお客さまに押し付けるのではなく、お客さまの喜ぶこと、お客さまの役に立つことをすることで、信頼を掴むことができるのです。

これを意識して営業するだけでも、あなたの営業マンとしての信頼度は、確実にアップします。そして、その積み重ねがトップセールスへと繋がるので、面倒だと思わず、地道にこうした努力も怠らずに実践していきましょう。

第2章

「基本」さえ磨けば口下手でも勝てる

1

初対面の名刺交換でその後が決まる

名刺交換は「自分から」「両手で」

どんなことでもそうですが、「基本」というのは重要です。応用も発展も、すべて基本があってこそであり、**営業マンも仕事のベースづくりがきちんとできていなければ、トップセールスマンにはなれません。**

ですが、その「基本」がきちんとできていない人が多いのが実情です。だからこそ、**口下手な営業マンや営業初心者でも、この「基本」を自分の根幹となるように**

身に付ければ、その後の営業マンとしての未来は大きく変わります。

ビジネスシーンにおける基本といえば、名刺交換です。このごく当たり前で、何気なく意識もせずに行っている名刺交換ですら、基本があります。ですが、多くの人はそれを実践していません。ところが、きちんとした名刺交換を行うだけで、その後のお客さまとの関係性が決まるのです。

毎年4月になると、新入社員の場合は「マナーを含めた仕事の基本」などの研修が行われます。この研修で、名刺交換を学ぶ人もいるでしょう。

ですが、研修で教えてくれるのは、名刺交換の動作だけで、実際の営業場面を想定した内容にはなっていないケースも多々あります。

よって、実際の営業のときにどうやって名刺交換をするかは、先輩から学ぶか、自分が体験していくしかないのが実情です。

ここでは、「お客さまに失礼な相手と思われない」「お客さまの印象に残る」名刺交換の基本を、３つお伝えします。
「なんだ、名刺交換か」と軽く考えるのではなく、この基本動作の中に新人営業マンとしての大切な要素があることを覚えておいて下さい。

まずは**基本的なマナーの1つ目です。名刺は、両手で渡して、両手で受け取って下さい。**私の実体験からも、この方法が、一番丁寧なやり取りだからです。

名刺は同時交換になってしまうと、片手で渡して、片手で受け取ることになります。ただ、もしも名刺交換が同時になりそうな場合は、自分から先に名刺を出すか(こちらが望ましい姿です)、相手の名刺を先に両手で受け取るなど、その場に応じて臨機応変な対応をすることが大切になります。

続いて、**基本的なマナーの2つ目です。名刺は、目上の人からではなく、目下の人から先に出します。**営業マンは、お客さまの会社を訪問する側で、目下になります。常に、自分から先に名刺を出す気持ちでいてください。

そうした心持ちがあるだけでも、相手に与える印象は大きく変わります。とくに営業初心者の場合、営業先の担当者のほうが名刺交換には慣れているでしょうが、それでも先方が先に名刺を出してくる前に、まず目下である自分が名刺を出すことを第一に心がけましょう。

最後に**基本的なマナーの３つ目です。お客さまと机を挟んでいる場合は、机越しに名刺を渡すことはやめましょう。**必ず、机を挟まない位置に移動してから、名刺を渡すこと。よく、机越しに名刺交換をしてしまいそうになりますが、必ず、自分から机を挟まない位置に率先して移動して下さい。

これが、名刺交換の基本中の基本となる三つのマナーです。これらは、営業マンにとって極めて当たり前のマナーですが、意外とできていない人が多くいるのも事実です。

まずはマナーをきちんと実践し、そのうえでライバルに差を付けるべく、次の「ひと工夫」を加えてみましょう。

「ひと言追加する」のが効果的

では次に、**印象に残る名刺交換をするための「ひと工夫」をお伝えします。**会社から支給される名刺は、会社名、部署、名前、電話番号、メールアドレスなどが書かれた、ごく一般的な名刺です。

とくに新人営業マンや口下手な営業マンの場合、そこでどうやってお客さまに「自分の顔を覚えてもらうか」が、最も大切な最初の仕事になります。そのためには、他の人がやらないことを、1つだけでいいので実践してみましょう。

これを、私は、営業研修やコンサル先で、営業マンに指導するとき、「**ひと言追加の法則**」と呼んでいます。ここでは、3つの工夫する方法をお伝えします。

1つ目の工夫です。まず、自分の名字が珍しい人、変わっている人は、かなりのチャンスです。必ずひと言付け加えて下さい。例えば、「○○会社の野崎と申します。よろしくお願いします」というのは、一般的な名刺交換で交わされる言葉です。

これが、「○○会社の野寄《のざき》と申します。よろしくお願いします」だったらどうでしょう。このまま、普通に名刺交換しただけでは、もったいないです。

「野崎という名字は、全国に約7万人いるそうですが、これが「寄」の字になると、全国に約700人しかいないといわれています」などと付け加えるのです。

こうした自分の名字の語源や由来、出身者が多い場所などは、スマートフォンで簡単に検索できます。ぜひ実践してみてください。


先日、営業研修先の受講生で「柘植《つげ》さん」という方がいました。実際に、営業の商談を想定したロールプレイングでは、やはり、柘植という名前がめずらしいので、雑談の話題にされていました。

これを名刺交換のときに、付け加えるのです。「○○会社の柘植と申します。この漢字で、〝つげ〟と読みます。名字が変わっていますが、よろしくお願いします」というだけで、ずいぶんと相手に残る印象は変わるものです。

残念ながら一般的な、佐藤、加藤、鈴木などの名字では、効果が薄いです。ただ、自分の名字が全国何位で、何人くらいいるのかは知っておいた方が、話題には困らないでしょう。要は、名刺という自分の情報が名前以外にないもので挨拶をする際に、いかに自分という人間や顔などを覚えてもらうかが勝負なのです。

2つ目の工夫は、名刺の裏に、手書きで自分の仕事に対する姿勢などを書いておくことです。私が営業マンだった頃、同業者と名刺交換をした際に、名刺の裏面を見てかなり驚かされました。そこには、「いつでも、どこからでも飛んできます！」と書いてあったのです。

これには「本気でお客さまのことを考えているのだ！」と感心させられました。

これも実は効果的な名刺交換のテクニックです。

最後に**3つ目の工夫です。**新人や担当変えで客先を訪問してお客さまと名刺交換するときは、先輩との営業同行か自分が担当を引き継ぐときになるケースが多いと思います。このときお客さまは、みなさんのことを新しい担当者だと、なんとなく分かります。

そんな状況で、少しでも相手に自分の印象を残すためには、ほんの些細なことでも、迷惑にならない程度で言葉を追加した方が得策です。**自分の社会人経験と、今回の訪問の目的は営業同行なのか、担当を引き継ぐのか、最低でも名刺交換をする理由を付け加えましょう。**

可能であれば、もう少し自分の情報を付け加えたいですね。お客さまの出身地、奥さんの出身地、以前に住んでいた地域など、お客さまと接点がある場所が出てくると、相手の印象に残りやすいといえるでしょう。

要するに、名刺交換という機会を利用して、相手の記憶のフックになることを伝えるのです。仮に入社1年目だと、「新人」としてお客さまは理解しますし、中途入社であれば営業の経験があるという前提で対応してもらえるようになります。

ぜひ「**ひと言追加の法則**」にあるように、何らかの工夫をして、お客さまの印象に残る名刺交換を目指してください。

2

実は「電話」と「メール」の対応が肝心

電話とメールは迅速な対応を心がける

営業マンとして仕事をしていると、「電話」と「メール」の対応も、基本中の基本となります。中でも営業初心者の場合であれば、とくに注意する必要があります。

電話とメールは、その対応のしかた次第で、**新規のお客さまとの信頼関係が格段に作りやすくなる効果があります。**顔が見えないからこそ、実は自分の営業マンとしての価値を高めることができるのです。**トップセールスの人ほど、こうした基本がスマートにこなせているのが実情です。**

「電話」と「メール」で意識すべき1つ目のポイントは、**「迅速さ」**です。中でも新人営業マンの場合は、「商品知識がない」「経験がない」のは当たり前です。また口下手な営業マンは、電話口でお客さまから自社の商品について聞かれたとしても、スラスラと答えられない場合もあります。

しかし、以下のポイントさえおさえれば、そう気にすることはありません。

電話の場合の問題は、答えがわからなかったときの対応です。「確認して折り返しご連絡いたします」と対応し、あなたはひとまず電話を切りました。ここまではだれでもやれることです。意識すべきは、ここからの「迅速さ」です。

とにかくすぐに答えを調べ、先輩社員にそう答えて問題ないか確認をとり、なるべく早く相手に折り返し電話をすることです。早ければ早いほどいいです。**お客さまは忙しいので、あなたが早く対応するほど助かるのだと思ってください。**

私はこれを、**「スピードと仕事能力比例の法則」**と呼んでいます。私自身の経験からも、明らかに仕事の対応スピードは、仕事の能力に比例しています。

こうしたことを繰り返すことによって、自身にも徐々に知識が身につき、次第に商品知識が習得でき、自ら状況判断ができるようになってくるものです。

「具体的な日時」が大事なポイント

もう1つ、「迅速さ」とセットで覚えておきたいのが「**経過報告**」です。

電話で「確認して折り返しご連絡いたします」とお客さまに答えたものの、調べるにはどうも時間がかかりそうだ、あるいは先輩に聞こうにも、目当ての先輩がちょうど不在で、すぐに答えが得られそうにない……。

このとき、**まずは途中経過をお客さまに伝えるようにするのです。**

「申し訳ありません、○○の事情で、お答えに少々お時間をいただくことになりそうです。○時頃にはお返事するようにいたしますので、恐れ入りますが、いましばらくお待ちいただけますでしょうか」

このような感じで、一報を入れるようにしましょう。この一報を入れるタイミングも、早ければ早いほどいいです。こうした状況で、ついつい答えが出るまで折り返しの電話を引き伸ばしてしまうケースは意外に多いのです。

メールの場合も同じです。分からないことであれば、とにかくその場ですぐに返信をします。「今から調べますので、〇時間（〇日）お待ち下さい」と、具体的な数字を入れ、相手に返信しましょう。

また、時間が読めないとき、予想以上に時間がかかりそうな場合は、タイミングを見計らって**「もうしばらくお時間をください」**と合間に経過報告のメールを必ず入れるようにすることも忘れないでください。

こうした経過報告メールでの誠意ある対応によって、あなたの営業マンとしての価値は決まります。今のうちからあなたの「クセ」にするよう意識しましょう。

「途中経過の一報」で信頼を得る

過去に私が指導した営業マンで、二つのタイプの人がいました。

Aさんは人柄もよく、人当たりはいいのですが、お客さまからのクレームが多い人でした。クレームが多い理由は、あらゆる面で対応がとても遅かったのです。新人だったので、周囲の人に聞いたり確認したりするのですが、すぐ分からないと、分かるまでお客さまに返事をしないのです。

本人からすれば、対応が遅いとは思っていません。きちんとした回答をするまでに時間がかかるのは、仕方がないと思っているようでした。

答えられるか、答えられないかは、本人の問題であり、お客さまには関係ありません。自分では分からず、すぐに答えられないのであれば、先輩や上司などにお客さまの要望を相談し、迅速かつ的確な返事をするのが正解です。

一方、Bさんは比較的おとなしく、話すのが得意ではないタイプですが、お客さまへの対応だけはきちんとする人でした。

即答できないお客さまからの質問や依頼事項があると、答えが出るまでの期間を確認、もしくは時間がかかりそうだと予測して、必ず、お客さまに「〇〇時までお時間を下さい」と、一報を入れていました。こみいった質問や依頼事項は、だれが担当しても、時間がかかることがあります。

そんなとき、お客さまは一報を入れるだけで安心し、信頼性も増すのです。

AさんとBさんが、それぞれ1年間働いた後のお客さまからの評価は、**圧倒的にBさんの方が好印象でした。そう、これが現実です。**

対応が早くて損をすることはありません。**むしろそこが、口下手でありながら、他の人と大きな差を付けることができる部分なのです。**もちろん、新人営業マンも、例に漏れません。ぜひ実践してみてください。

3

「スケジューリング」も重要なスキル

「最近あまり顔を出さないな」と思われたら致命的

ビジネスにおいて「スピード」という言葉がキーワードになって久しいですが、**この言葉が一過性ではなく、定着しているのには理由があります。**

営業マンは、客先を訪問するのが仕事ですが、事務仕事もたくさんあります。IT技術が発達し、あらゆることのスピードが問われるようになった今、プレゼン資料、日報、月報などの社内報告書、会議資料、見積書作成なども、後回しにすることはできません。だからこそ「スピード」という言葉がスポットを浴びるのです。

では、ビジネスにおいて、この「スピード」を速くするためには何をすれば一番効果的でしょうか。**それは、自分自身の「スケジュール管理」です。**これがきちんとできるかどうかで、成績も大きく変わることを覚えておきましょう。

と言いつつ、忙しいときに限って陥ってしまうのが、客先への訪問時間が減ってしまうという本末転倒な事態です。

営業マンの仕事は、第一に自社とクライアントを繋ぐ重要なパイプ役です。それを忘れて「デスクワークが忙しいから」と、だんだんクライアントから足が遠のいてしまう営業マンは、私の経験則からも意外と多いものです。

「デスクワークが増えたから仕方ない――」

そんな現状に甘んじてしまう人は、**営業マンとしては危険な状態のサイン**だと思ってください。クライアントから、「○○さんは最近あまり顔を出さないな」などと思われてしまったら、営業マンとして致命的です。

私も実際にこんな経験をしたことがあります。電子部品の会社で、営業をしていたときのことです。

営業で成果が上がり、売上が1ヶ月に数億円になってきたときがありました。工場担当者から「材料手配の見込みを立てたい」との要望もあり、私は毎月、1～2日かけて、クライアントから届いた発注予測のデータを、エクセルファイルに入力する作業を行っていました。そして、ちょうど同時期に他の見積りや企画書作成が重なり、内勤する日がどうしても多くなってしまいました。

こうして外出していない間、アポを取って客先を訪問する時間が大幅に減ってしまったのです。

すると、クライアントから「**大岩さんは最近、うちの会社に営業に来ている姿を見かけないね**」という噂が広まってしまったのです。この噂は、客先の他部署や同業者にも知れ渡ってしまい、相当気まずくなったことがありました。

まさに営業マンとしては本末転倒です。

もう1つ苦い経験をお話しすると、私がパソコンメーカーで営業をしていたときです。当時は愛知、岐阜、三重の家電量販店に対して、一人で営業と一部の内勤の仕事をしていました。

内勤の仕事には、データ作成や管理から、不良品の処理と発送、梱包作業などもありました。営業所には、幸い私一人しかおらず、言い方は悪いですが、見張りがいないため、つい内勤の方に力が入ってしまっていました。

全く外出していなかったわけではありませんが、もともと営業する範囲が広いため、遠方や、売上の少ない店舗に行く頻度が減るのは仕方ありません。ですが、メインの店舗まで訪問する回数が減ってしまったのです。

その結果、売上は徐々に下がっていきました。**一度下がった売上を元に戻すのは、並大抵なことではありません。**当然ながら売上の損失だけでなく、私という営業マンの信用まで失ってしまったのです。

何よりもダメージが大きいのは、この「信用を失うこと」です。クライアントの担当者に信用してもらうためには、多くの時間を費やします。しかし、**信用というのは構築する時間はとても長くかかるのに対して、失うのは一瞬です。**

そしてこの失った信用を取り戻すためには、最初に築いたときの何倍もの努力と時間を必要とするのです。

スケジュール作りは文字に起こして業務を把握する

では、こうした状況を避けるには一体何を意識しておけばいいのでしょうか。

私がおすすめするのは、以下の２つの方法です。

１つ目は「仕事に優先順位を付けること」。

営業マンだけでなく、どんな職種でも「優先順位」を付けて仕事を整理することはとても大切です。そんな話は当たり前だと思うかもしれませんが、頭ではわかっていても、実際にできている人は意外と少ないのが実情です。

とくに営業マンの場合、第一に優先させるべきはクライアントとのアポです。営業マンは外に出てナンボです。デスクワークはお金を生む作業の1つではありますが、クライアントと数多く顔を合わせることが、最も重要な仕事であることを忘れてはいけません。

簡単に考えれば、まず先にアポのスケジュールを固め、そのスケジュールを前提にデスクワークの時間割りを考えていくのです。これを習慣付けることがポイントです。

2つ目は前述した外回りの営業に関する「数値目標」を自分なりに作ることです。

例えば、「今月は新製品のカタログを100部配る」という目標を立てた場合、それを実現するために何件アポを取ってクライアントを訪問するかを決めるのです。デスクワークの時間は、その合間に設定します。そのようにして月間、週間、1日の予定を自分で管理してみましょう。

そうはいっても、最初はやりくりがなかなかうまくいかないと思います。「何を優先して、何を後回しにするか」「自分はこの業務にどれくらい時間がかかるのか」、そこをきちんと把握していなければ、アポとアポの間の限られた時間に、デスクワークを配分するのは難しいものです。

そこでもう1つのテクニックです。
それは、「自分が抱えている業務をノートや手帳に書き出してみる」ことです。業務の大小や重要性にかかわらずひとまず思い付くままリストにしてみましょう。

この作業は**「文字にして書き起こすこと」が重要**なのです。それによって自分の頭の中も整理でき、より効率的な仕事の回し方が見えてきます。

そして、さらにそれを「絶対に今日やらなくてはいけないこと」と「明日以降に回しても問題ないこと」という風にカテゴライズしてみてください。判断がつかない場合は、「この資料の作成は○日まで延ばして問題ないですか」などと、一つひとつ先輩に聞いてみるといいでしょう。

そうして作成したリストを基準に、クライアントとのアポの時間までに「今日やらなくてはならないこと」から優先的に潰していくのです。

これを地道に継続していくと、徐々に仕事の優先順位をどうやってつければいいのか、そして自分がそれぞれの業務をこなすのに、どれぐらいの時間がかかるかが感覚的に分かるようになってきます。

多くの営業マンは、失敗を重ねながらそうした業務感覚を掴んでいくものです。中には何年経ってもこの整理ができない人もいます。

つまり、この外回り優先のタイムスケジュールをいかに作成し、こなせるかが、営業マンとして活躍できるか否かの分かれ目なのです。

こうしたことを常に意識して習慣付けておきましょう。そうすれば、同僚より一歩も二歩も先をいくことができるはずです。

4 ノート活用術で仕事のレベルがあがる

「業界用語」がわからずに失敗した例

新入社員として入社したときや転職したときなどは、会社特有の「用語」に戸惑うことがあります。新しくお客さまを受けもったり、あるいは転勤したり、客先が変わったりすると、お客さまとのやり取りで分からない用語がたくさん出てきます。

これは「**業界用語**」と言われるもので、なるべく早く理解できるようにならないといけません。商談の場で「その言葉はどんな意味ですか？」などとお客さまに聞いていては、まさに百害あって一利なし。たとえ自分はその業界に初心者だとしても、そんなことはお客さまには関係ありません。

まず営業として1つの業界に入ったら、真っ先にその業界の「業界用語」をすべて覚えるぐらいの気概が必要です。

ここで、私の失敗談を紹介します。これは、私が半導体商社に転職したときのことです。

その会社はパソコンなどに使われている半導体のメモリ（RAM）を扱っていたのですが、容量を示す大きさの単位が、業界の中では、ちょっと違うのです。一般的に、パソコンやスマートフォンの容量で示されている単位、128G（ギガ）や256G（ギガ）というのは、128GB（ギガバイト）、256GB（ギガバイト）のことを指します。

しかし、半導体業界で「G（ギガ）」の話が出た場合には、「Gb（ギガビット）」のことを指すのです。もちろん、半導体1個の容量の単位も、「bit（ビット）」です。大文字と小文字で区別します。

「Ｂｙｔｅ（バイト）」や「ｂｉｔ（ビット）」は、業界内では単位を略して話をすることが多く、「１Ｂｙｔｅ（バイト）」というのは、「８ｂｉｔ（ビット）」のことを指すのです。

それを分かっているようで、分かっていなかったため、客先の設計担当者と話がかみ合わず、勘違いしたまま商談内容を社内に持ち帰ったところ、上司に指摘され、初めて気が付いたことがありました。

幸いにして大きな問題にはなりませんでしたが、業界用語を知らないだけで、商談が成立しないどころか、場合によってはとんでもない約束をしてしまう危険性もはらんでいるのです。

だからこそ、まず営業初心者の人は、徹底的に自分が働く業界の用語を頭に叩き込みましょう。

営業スキルがアップするノートの使い方

では、こういったケースでのひと工夫を紹介します。もちろん「覚えること」が大前提なのですが、その「覚え方」を工夫することで、効率的に業界用語が身につき、営業のスキルアップにつながるので、ぜひ実践してみてください。

まずは「お客さまノート」を作ります。このノートには、**「お客さま事情」と「業界用語」の2つを書き込んでいきます。できれば1社に1冊ずつノートを作ると、客先や業界ごとに仕事の確認や業界用語の復習がしやすくなります。**

例えば、トヨタグループと取引をしていると「かんばん方式」という用語を知らなければなりません。「かんばん」とノートに書き、横か下に自分の言葉で「用語の説明文」を書くのです。自分が分かりやすい方法で構いません。

地味な作業の積み重ねですが、書くことが一番記憶に残りやすいので、私はこうしていました。

また大手のメーカーは、案件によって部署が分かれています。私の場合、こうしたケースでは「各部署が何をするところなのか」を「お客さまノート」に書きまとめていました。資材、調達、購買などと呼ばれる各部署が、仕入れ先の選定から値段の管理までするのですが、あるAVメーカーでは、納期の管理もしていました。

さらに、ある大手のグループの企業では、値段を管理する購買と、納期を管理する生産管理は別々の部署でした。

このように、取引先によってその会社の業務分担などが違うことがあるので、こうした状況では「お客さまノート」が非常に役に立ちます。

2つ目は、ひと通り「お客さまノート」ができあがったら、翌年から後輩に教えられるよう、とくに**「業界用語」の部分を体系化しておく**のです。この体系化をする作業は、業界用語の入れ替えや追加作業などが随時発生するので、パソコンのワードやエクセルで管理するといいでしょう。

「人に教えることが一番の学び」とも言います。人に伝えるには、自分が一番理解していないといけませんから必死で覚えようとするものです。それに、他人に分かりやすいように言葉を工夫するようにもなります。

その工夫する行動が、自分の営業活動の中で、わかりやすい言葉でかみ砕いて説明できる能力に変わっていくので、さらなる営業スキルも身に付けることができるのです。

このように、1冊のノートに「お客さま事情」と「業界用語」を詳しく書き込んで覚えることで、冒頭で私がお話ししたような**知識不足によるミスは減っていくはずです**。客先に営業に行ってもムダのない商談ができるようになり、信頼関係も掴みやすくなるでしょう。

5 活用したい「初頭効果」と「親近性効果」

「初頭効果」と「親近性効果」とは

営業マンは、「第一印象」が大切だということは、いたるところで言われているので、意識している方も多いはずです。身だしなみが整っていなかったり、覇気がなかったりすると、初対面のお客さまに与える印象は、相当悪くなります。

一方で、第一印象ほどは言われていませんが、実は商談が終わってからの、最後の「去り際」も、第一印象と同じくらい相手に影響を与えるという実験があります。

つまり、**たとえ口下手な営業マンでも、まず「第一印象」と「去り際」を意識するだけで、お客さまに与える印象は劇的に変わります。**

それが「**初頭効果**」と「**親近性効果**」なのです。

営業マンの第一印象の大切さは、アメリカの心理学者であるアルバート・メラビアンが提唱した**メラビアンの法則**を使って説明されることが多いです。

先にも触れましたが、メラビアンの法則とは、言語情報である話の内容、言葉そのものの意味は７％、聴覚情報である声の質・速さ・大きさ・口調が38％、視覚情報である見た目・表情・しぐさ・視線が55％となっており、**言葉の意味よりも見た目の方が大切だということを示しています。**

ここではさらに、メラビアンの法則とは違う、「初頭効果」と「親近性効果」という心理効果を使って印象の大切さを解説していきます。

「**初頭効果**」**とは、**ポーランド出身の心理学者ソロモン・アッシュが１９４６年に行った実験で証明されました。

人々は、最初に与えられた情報をもとに印象付けられるというものです。要するに、ものごとの最初に起こったことが、記憶に残るということです。

「親近性効果」とは、アメリカの心理学者N・Hアンダーソンが、1976年に行った実験によって提唱されました。

人は、多くの情報を与えられると、最後に得た情報に最も影響されるということです。要するに、ものごとの最後に起こったことが、記憶に残るということです。

私は、企業研修でこの原理をお伝えするときは、人の「記憶」の仕組みを題材にして、実際に体感していただいたりしています。

どのようにするかというと、「りんご」「さる」「ひつじ」「真夏」……「はさみ」「新幹線」などと、20個程度の単語を私がいきなり一気に読みあげます。それを、受講生の方がどれだけ記憶しているか、後で確認してみるのです。

すると、最初の「りんご」「さる」と、最後の「はさみ」「新幹線」は、みなさん覚えています。**これが「初頭効果」と「親近性効果」の結果なのです。**

では、これを踏まえ、**営業マンは実際にどのような行動をとればいいのでしょうか？**

営業マンの初頭効果と親近性効果の活用方法

「初頭効果」を利用するには、言うまでもなくまずは見た目を意識することです。

例えば、顔の表情、笑顔があるかないか、スーツのしわ、靴が汚れていないか、髪型が乱れていないか、男性であれば、ひげや鼻毛が伸びていないか、女性であればお化粧くずれがないかなどになります。

きちんと、身だしなみを整えれば大丈夫です。

見た目だけではなく、**挨拶も重要です。**見た目をよくしても、きちんと挨拶ができなければ、「礼儀がなっていない人」という印象を与えてしまいます。

さらに、**時間をきちんと守ることができるかどうか**も、礼儀のうちの1つです。

遅刻についても第1章でも述べたとおり、事前にお客さまに連絡していたとしても、目に余れば信用をなくします。

商談の最初、導入の部分も「初頭効果」に当たります。場の雰囲気を作ってからの方がいい商談ができる人ならば、雑談から入った方が相手にいい印象を与えます。逆に、雑談が好きでない人の場合は省き、本題の結論から伝えるようにします。とにかく「始め」の部分は印象に残りやすいので、注意してください。

次に「親近性効果」を利用した「終わり」は、何を意識すればよいでしょうか？

こちらも、最後の挨拶、礼儀などが大切になってきます。

どれだけ最初にいい印象を与え、中身の濃い、よい商談をしたとしても、最後の挨拶がいい加減であったり、打ち合わせをした部屋の片付けをしなかったり、帰り際の態度が悪い場合などは、お客さまに悪い印象を与えてしまいます。

商談の最後の部分も同じです。**商談の「導入部分」も印象に残れば、「商談の締め」も印象に残ります。**商談で相手にいい印象を与えるためには、最後に「まとめ」をするといいでしょう。「商談で話した内容を繰り返して確認する」「約束したこと、宿題事項の期日を再度確認する」などが効果的です。

「初め」で、見た目や礼儀正しさでいい印象を残し、「終わり」で、忘れて欲しくない大切なことを繰り返して、目立たせる。

これを行うだけでも、ライバルに差を付けることができるはずです。この２つの効果、使わない手はありませんよね。

第3章

「口」が苦手なら、
「頭」と「足」で戦え

1

「7回の訪問」で成約率があがる理由

「ザイアンスの法則」と「セブンヒッツの法則」

人と人は、接触回数が多い方が印象に残り、信頼関係が深くなるといわれています。これは、仕事でもプライベートでも同じことで、営業マンの場合には、お客さまと信頼関係を築きたいと思うときは、やはり接触回数を増やすことが重要になってきます。

こうした原理を受け、ここでは**営業活動に大きく関係する有名な2つの法則**を紹介していきます。話すことが苦手だと思っている営業マンは、とくにここで解説する内容は習得しておきたいところです。

口が下手なら「頭」と「足」を使う。そのうえでこの2つの法則を覚えておきましょう。

1つ目は、「ザイアンスの法則」です。これは「接する回数が増えるほど好感度や好印象が高まる効果」というもので、「単純接触効果」ともいいます。

1968年に、この「単純接触効果」をアメリカの心理学者であるロバート・ザイアンスが、論文にまとめ発表しました。

この法則を詳しく見ていくと、

①人は知らない人には攻撃的、冷淡な対応をする
②人は会えば会うほど好意をもつようになる
③人は相手の人間的な側面を知ったとき、より強く相手に好意をもつようになる

というのが主な内容です。

この「ザイアンスの法則」を営業マンに当てはめてみると、あまり接触回数が多くないお客さまとの信頼関係の構築は、そう簡単ではないということです。

お客さまとの信頼関係の構築には時間がかかります。なので、焦らずに真摯な態度でお客さまに接する回数を増やしていくことで、少しずつ好意をもってもらえるようにするのです。

そして2つ目は、「セブンヒッツの法則」です。これは「人は情報に3回接することにより商品を認知し、7回接することにより商品を手に取る」というものです。

今後、先輩から担当営業を引き継ぐことや、転職によって新規のクライアントを担当することもあるでしょう。そこにこの「セブンヒッツの法則」を当てはめると、お客さまが、あなたから商品の詳しい話を聞いてもいいと思うまでに3回の商談が必要になり、さらにあなたから、商品を買ってもいいかなと思うまでに、4回の商談が必要になるということです。

私が、この2つの法則を紹介した理由はただ1つ。**できる営業マンになるためには「決して焦らなくていい。その代わり粘り強くあること」**ということです。もちろんこの法則はすべてのケースに当てはまるわけではありません。しかし傾向として捉えたならば、新たな担当客先を任されたとしても、焦ることはなくなります。

まず自分から心を開いて自分という人間を知ってもらい、真摯な態度で接し続けることで、お客さまとの距離を徐々に縮めていきましょう。

いきなり結果を出したいと思う人も多いるでしょうが、そこは「急がば回れ」。この法則を頭に入れ、じっくりと腰を据えて「信頼関係の構築」に専念しましょう。商品に興味を持ってくれるのも、注文をもらえるようになるのも、すべてはその後なのです。

私自身が体験した「2つの法則」の信憑性

ちなみに、私の経験で「ザイアンスの法則」と「セブンヒッツの法則」がぴったり当てはまるのが、中途採用で入社したA社のときでした。

自動車部品メーカーだったお客さまとの関係は、前任者のときからできていました。しかし、私が入社して間もなく、先輩からの引き継ぎで客先を訪問したのですが、どの部署を訪問しても、優しく対応してもらえたことはありませんでした。

それこそまさに、**3回通って、やっと話を聞いてくれるようになり、7回通って、やっと心を開いてくれた**のを実感したのです。

すでに、お客さまとの関係ができている担当先を引き継いだ場合でも、この状態です。現在私が営業コンサルや営業研修先で指導していても、受講者から出てくる話は、だいたいこの2つの法則が当てはまります。

もう1つ、私の経験を紹介します。これは、前任の担当者とお客さまとの関係があまり親密でなかったケースです。

私はあるパソコンメーカーに入社し、営業の仕事をしていたのですが、その会社は大手の有名なメーカーではないため、家電量販店も販売に対して積極的ではありませんでした。愛知、岐阜、三重、静岡西部にある家電量販店すべてを、歴代の担当者が一人で営業し、人が何度も入れ替わっていたような会社でした。

なので、どうしてもお客さまとの関係は希薄になってしまうのです。

そこで私は、自分がパソコンメーカーの営業担当者だと知ってもらうため、売上が多い店舗、中でもなるべく近くにある店舗から、営業活動をスタートしました。「ザイアンスの法則」にあるように、何件訪問しても、初めは本当に冷たい対応ばかりでした。

100店舗ほど訪問する中で、1回目から少しだけ話をしてもらえた店舗は、2〜3店舗ぐらいです。私は何度も心が折れかけましたが、信頼関係を作ることが先決だと思い、とにかく訪問回数を重ねることを重視した営業スタイルにしたのです。

　すると不思議なことに、**3回くらい訪問すると、何店舗かは、営業担当者である私のことを認識してくれるようになりました。**それでも、機械的な応対がほとんどでした。

　あきらめずに7回くらい訪問すると、これも不思議なことに担当者が心を開いてくれる店舗が十数件ほど出てきたのです。

　さらに不思議なことに、そこまで信頼関係が構築できてしまうと、私が訪問するたびに、何かしら商品を注文してくれるようになったのです。

「私」という人間が信用されるようになると、急に店舗担当者が商品を積極的に売ってくれるようになり、どんどん売上があがっていきました。

　私が信頼を掴むことができた基幹店舗ともなると、他の店で苦戦している商品まで引き取ってもらえ、変わりに売ってくれるようにまでなったのです。

「ザイアンスの法則」のように、信頼関係ができていないうちは、なかなか思うように商品は売れません。

まずは、焦らず、お客さまとの信頼関係を構築することです。これを絶対に忘れないで下さい。

そして「セブンヒッツの法則」のように、新人営業マンは、まず一人の担当者に対して、3回訪問することを目標にしましょう。

3回訪問したら、次に、7回訪問することを目標にするのです。そうすると、自然に信頼関係が構築され、商品が売りやすい状況が作られていきます。

「焦らないこと」を意識しながら、最初の目標を「売上」ではなく「信頼関係の構築」に設定してみてください。結果はそこから自然と付いてくるはずです。

2

目標達成における「SMART」の法則

正しい目標設定のための工夫

営業マンは、売上、営業利益、訪問件数、新規案件数など、さまざまな数字を目標に立てるものです。目標はとても大切ですが、具体性のない、形だけの数値目標となってしまっては意味がありません。

では、どうやって適切な目標設定を行うのがよいのでしょうか。上司や会社から決められる目標はもちろん達成すべきですが、自分自身の可能性を広げるような目標を自ら考えて立てることが大切です。

「自発的かつ自分を成長させる目標設定」とは、どのような方法で得られるのか、詳しくみていきましょう。

目標は、自分が仕事で目指す指針のようなものです。自身が一生懸命頑張れば、達成できるものでなければなりません。そのためには、目標の作成時にいくつかの工夫をしておく必要があります。

そんなとき、**目標は「SMART」の法則に基づいて設定してみましょう。**

「SMART」の法則とは、

Specific（目標が明確、具体的）

Measurable（測定可能な）

Achievable（達成可能な）

Realistic（現実的な）

Time-bound（期限のある）

の頭文字をとって、そう呼ばれています。

では、どのようにして、この法則を活用すればいいのでしょうか？

SMARTの法則に合わせ、（A）（B）2つの目標設定を例に出して話を進めていきます。

「SMART」の法則に合わせた目標設定とは

例1）

目標設定（A）：昨年より、多くのお客さまを訪問する

目標設定（B）：半期（6ヶ月）の売上目標3000万円の達成

（A）の目標が、なんとなく曖昧なのは分かりますが、（B）のケースでも、この目標設定を見ただけでは、実際に達成できるのか、できないのか、設定自体が合っているのか、合っていないのか分かりません。

よって、「SMART」の法則に基づいて、チェックをしていきましょう。

①Specific（目標が明確、具体的）

目標の内容が具体的になっているかどうか。

●（A）の場合、新しいお客さまを獲得するために新規の顧客を重点的に訪問するのか、既存のお客さまの訪問回数を増やすことで潜在的なニーズを見付けるのか、方法論を明確にする必要があります。例えば、「新規のお客さまとの取引を増やすため、昨年より多くの新規顧客を訪問する」とした方が、具体的になります。

●（B）の場合、内容は明確です。しかし、半期で3000万円という数字は、会社の目標やビジョンに合わせて設定したのか、自分への負荷を増やし、成長するために設定したのかが不明です。数字に対する目的を明確にすることで、より具体的にしたいところです。

② Measurable（測定可能な）

数字で測定可能か。だれが見ても可否の判断ができるかどうか。

●（A）の場合は、昨年より多くといっても、「どれくらい多いのか？」「その件数は何件なのか？」など、だれが見ても分かるよう数字に表さなければいけません。この場合であれば、昨年が「月に100件」ならば、今年は、「月に120件」で1・2倍などと、きちんと測定できる数字にします。

●（B）の場合、具体的な数字が明確なので、目標が達成できたか、できなかったのかは、だれでも測定することが可能です。

③ Achievable（達成可能な）

達成できる目標かどうか。

●（A）の場合、昨年よりも訪問件数が増えれば、目標が達成されたということができますが、やはり数字がないために、それがわかりません。前述したように、昨年が「月に100件」ならば今年は「月に120件」で1・2倍など、数字に表す必要があります。

では仮に「月に120件」とした場合、それは達成可能なのでしょうか。月に20日稼働で、1日6件の訪問です。

1件あたり、商談時間が15分ほどと短い「御用聞き」のような営業スタイルであれば可能な数字ですが、私が営業マン時代に経験していた企画提案型の営業では、1回の商談が1時間はかかりますし、社内準備も多いため、現実的には難しい数字となります。

●（B）の場合は、次項の「Realistic（現実的な）」とも関連してきますが、「半期（6ヶ月）の売上目標3000万円」というのが、達成可能かどうかということです。

会社にもよりますが、上層部から各部に売上予算が割り振られ、それを課ごとに分け、個人に割り振られるということがあります。仮に昨年の実績が、

「半期で売上1000万円」だった場合、今年は、新しく成約した案件が増えていなければ、「半期で売上3000万円」という目標数字自体に無理があると言えます。

この場合は、再度、上司と話し合いをする必要があります。

④ Realistic（現実的な）

現実的な目標かどうか。

● (A）の場合、やはり数字がないと現実的かどうかはわかりません。例えば、昨年が「月に100件」訪問できたとして、今年は「月に200件」と2倍の数字にしてしまっては、あまりにも非現実的です。月に200件であれば、1日に10件の訪問が必要です。配達兼営業のような配達が中心のルートセールスでない限り、難しい数字です。

● (B）の場合、扱う商品によっては「1000万円」が限界なケースもあります。そんなときに、「3000万円」と無理な目標設定をしてしまうと、現実的ではありません。無理をした目標ではないかを確認しましょう。

⑤ Time-bound（期限のある）

必ず「いつまでに達成する目標なのか」と、期限や日付を設定しているかどうか。

●（A）は言うまでもなく、期限がありません。1ヶ月単位で、昨年より多くのお客さまを訪問する目標設定なのか、6ヶ月単位の合計で、昨年より多くのお客さまを訪問するのかが見えなくてはなりません。

●（B）には、6ヶ月で達成するという期限があります。さらに、1ヶ月単位での数字目標を立てると、より期限が明確になり、取り組みやすくなります。

このように、目標を「SMART」の法則に合わせて設定することで、だれが見ても分かりやすく、きちんと評価できる内容になるのです。

3 法人営業は事前の根回しで決まる

社内の根回しの必要性

本来、営業マンは、お客さまに対して意識を向けるのが当たり前ですが、**法人営業では、自社内への根回しのよし悪しが、みなさんの営業活動に大きく影響してくるため、決して軽視できません。**

しかし、そういうことが不得意な人が多いのも事実です。では、どうすれば根回しができるようになるのでしょうか。

自社内での根回しとは、関係部署に先回りして、準備しておいてもらう、もしくは、了解を取りつけておくことを指します。

なぜ社内の根回しが必要になるのかというと、お客さまと商談がはじまってから、社内関係部署へ確認や連絡をしたり、正式な書類を書いて進めているようでは調整に時間がかかってしまう可能性が高いからです。

時間がかかるだけならまだいいですが、新しい案件をスタートさせようとしたところで、場合によっては社内の関連部署が動いてくれないこともあります。

これでは、お客さまに大変な迷惑をかけることになってしまい、営業マン自身の信用も問われることになってしまいます。

逆に**営業成績がいい人は、みなさん社内への根回しが完璧なくらい上手です。**常日頃から、信頼関係を構築する努力をしているのも分かります。社内への根回しの上手さが、営業成績に直結するのは間違いなさそうです。

社内で根回しする4つのパターン例

事前の根回しを上手に行うことで、これまでスムーズにことが運ばなかった案件も、かなり改善されるようになります。根回しをすると効果が得られるケースは、いくつかありますが、よくある4つの例を紹介します。

1つ目は、新しい商品やシステムの開発・設計が必要になるケースです。メーカーであれば、設計部署、IT関連であれば、システムを開発・設計するエンジニア部門、商社であればメーカーの営業担当者を経由して、設計部署と連携をとる必要があります。

私が会社員時代に担当していたAVメーカーでは、お客さまのニーズに合わせた商品設計を毎回行っていました。

そのため、案件の話が進んでしまってからでは、設計が可能かどうか、納期に間に合うかどうか、コストが合うかどうかなどの判断が間に合いません。事前に、商談がまとまっていなくても、技術部門と連携する必要がありました。

既に根回しが済み、了解が得られている状態であれば、正式な書類を回したときに「設計部○○課長了承済み案件」と記載することで、スムーズにことを運べるようになります。

2つ目は、価格の調整です。価格は、案件の受注金額や商品の単価によって、決済できる上司が決まります。いくらまでは課長職でOKだけれど、ある金額を超えると部長、さらにその上は取締役といったように、巻き込む人が変わってきます。内容によっては、工場との連携も必要になってきます。

私が半導体商社で自動車部品メーカーを担当していたときは、1つの仕事の受注金額で数千万円になることが多々ありました。

メーカーからの仕入れに対して、社内規程通りのマージンを乗せて、見積り金額を提示するのであれば問題ないのですが、数千万円単位の受注になると、さすがにお客さまもかなり厳しい条件を要求してきます。

そんな受注が決まりかけたときに、社内調整をしているようでは間に合いません。案件の状況によっては、すぐにＯＫとならないからです。

3つ目は、予定していた納期を早めたり、あるとき急に数量が増加する場合などです。この情報提供が遅れると、工場の生産管理、材料の手配などがスムーズにいかず、納期を早めるどころか予定の納期にすら間に合わないことも出てきます。

私がＡＶメーカーを担当していたとき、月に数百万個という数量の商品を納入していました。このとき、お客さまからの急激な数量の増加要求によって、納期が間に合わないという事態が何度か発生したことがありました。

このような場合、前もって工場に予測データを送ったり、定期的に生産数量計画について話し合いを持っておけば、緊急の事態でも対応できるのです。

4つ目は、不具合が起きたときの、お客さまへ提出する解析報告書です。例えば、不具合が起こった後でお客さまに呼ばれ、対策をした後に提出するケース、もしくは、部品交換で済んだため、今後のために不具合解析報告書を提出するケースなどがあります。

この解析報告書も、営業担当者と品質管理部門の連携が取れていないと、情報が全く足りない、説明不足、お客さまが納得しないということになります。

私のまわりの営業マンで多かったのが、品質管理、品質保証部からあがってきた解析資料、不具合報告書を、そのままお客さまに提出するパターンです。連携ができていないために、お客さまが要望する資料とはかけ離れてしまうのです。

これは品質管理、品質保証部が悪いのではなく、社内で連携ができていないため、お客さまの事情を社内で説明していない担当営業の責任です。

このよくありがちな4つのケースのように、根回しを意識するだけでも、社内での仕事はスムーズになり、お客さまから信用される営業マンになれるのです。

4

とにかく相手の話を「聴く」ことが重要

商品を売り込みすぎて、売れなかった時代

営業マンの仕事は、「お客さまに商品を売り込むこと」ではありますが、突きつめるともっと大切なことがあります。

確かに、お客さまに商品を知ってもらうために、「売り込み」は必要なことです。しかし、興味がない相手にいくら説明をしても、相手は迷惑なだけです。**商品を売ろうとすればするほどお客さまに引かれ、逆に売れなくなってしまうこともあります。**

そんなときは、**頭の中から一旦「商品を売る」ことをどかし、「自分」と「会社」を売ることを考えてみましょう。**営業の仕事の本質は、自分自身を売ることです。つまり自分と会社の「信用」と「信頼」を得ることが、結果的に「商品」の売上に直結するのです。

私は初めて営業マンになったとき、担当先を6社ほど受け持ちました。中には大手メーカーもあり、1社だけで設計1部、設計2部、設計3部、開発、購買など、訪問する先はたくさんありました。

前任者の先輩から担当先を引き継いだ形なので、新しく新規開拓をするような、ゼロからのスタートではありませんでした。

なので、客先を訪問することはそれほど難しいことではありませんでしたが、今思えば、これが若かりし頃の私が、営業マンとしてのあるべき姿を勘違いしてしまった原因でした。

私は定石通り、お客さまにアポを取っては定期的に訪問することを繰り返していました。最初のうちは挨拶を兼ねていたので、訪問すること自体は歓迎されていました。

しかし、同じようなことを繰り返しているうちに、**私はお客さまから歓迎されなくなってきたのです。**

ときには、「とくに今はおたくには仕事を発注する案件がないから、来てもらってもね〜」と、言われるようにもなってきたのです。

これは、私がお客さまと会うたびに、ただひたすら「自分が売りたい商品」「会社が売りなさいという商品」を、**一方的にお客さまに説明することを繰り返していた結果でした。**

営業マンの仕事は「一生懸命売りたい商品を売り込むこと」だと、勘違いしていたのです。そんな状態ですから、お客さまのところに何度通っても、商品は売れるようにはなりませんでした。ついには、お客さまが居留守を使うようになり、会うことすら難しくなってしまったのです。

この状況になって、私は初めて自分が今まで「営業の仕事」だと思ってやってきたことが、間違っていたことに気が付きました。

お客さまに敬遠されていては、営業どころではありません。このままではいけないと思い直し、営業のスタイルを変えることにしました。

売り込まないことで学んだ2つのメリット

以来私は、**お客さまに商品を売り込むことをやめることにしました。**しかし、商品を売り込まなくなってから、正直、お客さまと話すネタがなくなってしまったのも事実です。それまで商品の話しかしていなかったのですから、当たり前です。

そこで私は、こうした状況を打開するために、自分の話をするのではなく、お客さまの話を聴くことに徹するように工夫したのです。

すると意外なことに、「売り込み一辺倒」のときよりも、「売り込まないスタイル」の方が、営業マンとしてのメリットがあることに気が付きました。

1つ目のメリットは、お客さまの話を聴くようになったおかげで、**お客さまのニーズをより正確に掴めるようになりました。**

そのとき私が意識していたのは、もっと相手が気持ちよく話せるようになるにはどうすればいいかということです。

すると、少しずつ聴き方のコツがわかってきました。例えば、「あいづち」「うなずき」を入れるだけでもかなり効果が出てきたのです。「ええ、ええ」「なるほど～」と言うだけで、お客さまは、気持ちよく話をしてくれるようになりました。

さらに、ときどき相手の言葉を繰り返す「オウム返し」です。これらを組み合わせて、話を聴くようにしたのです。

実際にA社でこんな会話がありました。

私：御社のデジカメやビデオカメラ、よく売れているみたいですね。

お客さま：他社より、コンパクトなのがいいみたいだね。

私：なるほど～。

お客さま：最近デジカメにしてもビデオカメラにしても、どんどん小型になる傾向だから、搭載している部品も今までと同じ性能で小型にしたいんだよね。
私：なるほど～、そうですよね。
お客さま：そうそう、おたくの電子部品も小さくならないの？
私：そうなんです、目下弊社もその努力をしておりまして。
お客さま：ハンダ付けする足（リード）の部分が横に出ていて邪魔だから、筐体《きょうたい》からはみ出ないようにはできないの？
私：はい、弊社でも、そのような構造の製品を開発中です。
お客さま：実際に、新しい半導体はそういう構造になってきているよ。
私：では次回、設計担当者連れて参りますので、詳しくお話をさせてください。

このように**話を聴いているだけで、いろいろと新たなニーズの開拓に繋がることがわかったのです。**実際に、この話は約1年かけて進み、社内で製品化され、業界初の電子部品として採用されることになりました。

こうしてお客さまの話を聴き、そこにある潜在的なニーズが分かるようになると、

お客さまにとって「かゆいところに手が届く」営業マンになります。

そうすれば、ピンポイントで商品の提案ができるようになってくるのです。その結果、お客さまも前向きに検討してくれるようになり、結果的に売上があがるようになりました。

聴き手に回ったことによる**2つ目のメリットは、商品以外で話す内容やテーマを、必死で探すようになったことです。**お客さま自身のことは言うに及ばず、お客さまとの話の中で出てきた話題も、どんな内容であっても後で必ず調べるクセがつきました。

日々の気になるニュースからはじまり、人気の雑誌、流行のドラマ、スポーツニュースなどのチェックを、毎日欠かさなくなりました。

新聞は、日本経済新聞、中日新聞、業界紙である電波新聞と、3紙を購読するようにもなりました。

とくに効果があったのが、「女性雑誌」を読むようになったことです。お客さまの担当者は、男性だけではなく、女性の方もいます。男性の担当者が忙しいときには、女性アシスタントの方と話す機会も多々ありました。そんなときに「女性雑誌」のおかげで、話題に困ることがなくなったのです。

女性はかなりの情報通です。男性担当者に聞けない話であっても、女性アシスタントから教えてもらった情報のおかげで商談が有利に進んだことは、幾度となくあります。

当然ですが、営業マンは「売上をあげること」が目標です。しかし、そのための方法は、営業マンが一方的に商品の話をすることではありません。お客さまのニーズを的確に掴み、お客さまのためになる提案ができるかどうか、そこが何より重要なのです。

まずは「お客さまの話を聴くこと」から始めてみましょう。すると、「お客さまのニーズ」が、自然と分かるようになってきます。

5 「聴き上手」になるための5つのスキル

多くの営業マンは相手の話を聴けていない

前項では、相手の話を「聴く」ことの大切さについて解説しましたが、ここではもう一歩踏み込んで、相手からより話を聴きだす「聴き上手」になるための方法を5つ紹介します。

なまじ話が得意な営業マンは、お客さまのことを考えず、自分の話ばかりしてしまいがちです。**あなたが口下手だと自覚するのであれば、上手な話し方よりも、まずは上手な話の聴き方を習得し、「聴き上手」な営業マンになることをおすすめし**

ます。

私は、営業コンサルでのロールプレイングや営業研修、営業同行などで、多くの営業マンの仕事の仕方を確認し、指導する機会があります。

それは、会社の上層部の人たちが、自分の部下である営業マンが、客先でクライアントのお話（ニーズ）をきちんと引き出せているのかどうか、とても気になっているからです。

なぜなら、決まった商品を売るだけの営業は、今の時代かなり少なくなりました。こちらからお客さまのニーズを掴み、そのニーズに合わせて、お客さまといっしょに商品を作る。または、ニーズに合わせた商品をカスタマイズして提案するなど、いわばコンサルティング営業、企画提案型営業というスタイルが増えているのが大きな理由です。

自分が一方的にしゃべっても、ほとんどの場合お客さまは興味を示しません。なので、話が前に進まなくなってしまうのです。

まずは、お客さまのニーズを正確に掴むために、**相手の話を「聴く」ことからスタートしましょう。昨今のできる営業マンは、実は皆こうした「聴き上手」のスタイルで常に営業活動をしています。**

では、どのように相手の話を聴けばいいのでしょうか？

話を聞き出す「5つのスキル」

コミュニケーションの基本として、「聴く」というスキルがあります。この「聴く」という漢字を、よく見てください。耳と目と心を使って聞くというように分解できます。これは「自らの意思で、心の目をもって相手の話をきく」ということです。つまり、「自発的により注意深く、相手の真意を汲み取るようにきく」ということを意味します。

人の話を聴くというのは、ただ単に話を聞くというレベルではなく、真剣に耳を傾けて話を聴くという意味が込められているのです。

人の話を聴くために必要なことは、主に左記のスキルです。このスキルを使うことで、聴いてもらったという安心感を相手に与えることができ、お客さまのニーズを掴むことができるようになるのです。以下が、その主だったものです。

①うなずく
②あいづち
③おうむ返し
④ページング
⑤沈黙する

では、順番に紹介していきます。

①うなずく

これは、普段から自然にだれもがやっていることと思いきや、実は意外と、うなずくことをしない人も多くいます。「あなたの話を聴いているよ！」という姿勢をしっかり見せることで、相手はより話をするようになりますし、自分の話を親身になって聴いてくれる人には、相手もどんどん心を開いていきます。

注意すべきは、「誠意あるタイミング」です。相手の話をきちんと聴き、うなずくべきタイミングできちんとうなずく。

しかも、うなずきの「浅い・深い」も話の中で使い分けると、相手はより「自分の話をちゃんと聴いてくれている」と思うので、やはり心を開きやすくなる傾向は顕著です。

②あいづち

これは、相手の話のタイミングに合わせて反応することです。「へぇ〜」「ん〜、ん〜」「なるほど〜」などの言葉を、会話の途中に、「うなずき」と併せてたくさん入れましょう。意識的に使うと、普段から、会話の中でたくさん出てくるようになります。

基本的に、うなずくことと、あいづちはセットで使います。ただし、とくにこの2つは「わざとらしい」と相手に思われたら終わりです。きちんと相手の話を聴き、相手が「ここを聴いてほしい」と思うところを見極めて、緩急をつけることが大切です。あくまで基本ですので、この2つが使えないと、他のスキルとの相乗効果が生み出せなくなってしまいます。まずはこの2つをマスターすることからはじめましょう。

③おうむ返し

これは、会話の中の一部、または全部を、こちらの言葉で繰り返すことです。相手の話の一部を切り取って繰り返してもよいですし、少し長めの話を自分の言葉で要約して繰り返すこともできます。

実は、この「おうむ返し」という方法は、普段の会話の中で使っている人は、ほとんどいません。簡単なことですが、意識しないと使えないのです。

当然「おうむ返し」ができるということは、相手の話を正確に把握している必要があります。単に相手が発した言葉を繰り返すだけのレベルでは、一瞬で「この人はあまり自分の話を聴いていないな」と見破られてしまいます。

なので、きちんと相手の話を自分の中で消化したうえで、できれば自分の言葉で「おうむ返し」することが望ましい方法です。

この「おうむ返し」のスキルを使うと、相手には「かなり深く自分の話を聴いてくれた」という印象を与えることができます。相手の言葉を繰り返すので、会話の確認にもなります。

④ページング

ペーシングとは、心理学用語で「ペースを合わせる」という意味です。会話というのは言葉のキャッチボールなので、お互いのペースが合っている方がいいわけです。

ペースを合わせる部分というのは、

・話すスピード

・声のトーン
・声の大きさ
・表情
・目線
・座っている深さ
・飲み物を飲むタイミング
・腕の位置
・呼吸

などいろいろあります。これだけペースが合っていると完璧なのですが、ここまでピッタリ合わせることは難しいかもしれません。

しかし、この中からより多くの項目で「ペースを合わせる」ことで、相手の心を開くことが段階的に可能になっていくと覚えておきましょう。

中でも優先順位が高い項目が、「話すスピード」「声のトーン」「声の大きさ」「表情」「目線」です。相手を注意深く観察しましょう。

⑤沈黙する

お客さまとの会話の中で、お互いが沈黙してしまったことはだれしもあると思います。たいていは、気まずくなった経験が多いはずです。なので、会話の中で沈黙になると、それを避けるために一生懸命しゃべろうとしますが、これがまた逆効果になることもあります。

沈黙の中でも「お互いにしゃべることがない沈黙」と、「相手が何かを考えているときに起こる沈黙」と、実は二種類があります。

ほとんどの人が体験しているのは、前者の話すことがなくなって起こる沈黙です。ですがビジネスの場面では、後者の沈黙もよく起こります。ニーズを掴むときには、こちらの投げかけた質問に対して、お客さまが考える場面がよく起こるからです。

そんなときには、沈黙を破ろうとして話しかけてはいけません。何かを考える時間というのは、とても大きな気付きがあり、大切なのです。しばらく考えた後に、素晴らしい意見や回答が出てくることも多々あります。

このように、「聴く」というスキルがいくつかあります。このスキルを駆使することで、お客さまとの雰囲気をよくして、話しやすい環境を作り、話が円滑に進むようになると、みなさんのビジネスに役立ってくるはずです。

6

困ったときに役立つ「交渉時5つの原則」

「交渉」の意味を正しく理解する

営業マンの日々の活動は、まさに「交渉」の連続です。アポ取り、シェア争い、価格決め、納期決め、数量決めなど、お客さまとのやり取りで、苦労した経験はだれもが持っているのではないでしょうか。

ここで紹介する**「交渉時の5つの原則」**を使えば、交渉ごとに関して、話のもっていき方が格段にスムーズになります。

そう、スムーズな商談というものは「交渉」のスキルを学ぶことで一気にレベルアップするのです。

とはいえ、営業マンのみなさんは「交渉」がいかに難しいことか日々感じていることでしょう。

まず、みなさんが何か物を買うときのことを考えてみてください。自分で納得しないものは、「すすんで買おう」という感覚にはなりませんよね。

一方で、他の人からすすめられた場合でも、自分自身が「納得」した物であれば、前向きに購入を検討するはずです。

交渉とは、まさにこの状況を営業マンの力によって作り出すことであり、相手の「納得」を得ることなのです。決して顧客に購入を迫ることが「交渉」ではありません。

私が営業のコンサルをしていて感じるのは、顧客の「ＹＥＳ」を強引に引き出そうとする営業マンが、実は意外と多い点です。これではいつまでたっても、一流の営業マンにはなれません。

では、その「納得」を引き出すための「交渉」のスキルを紹介しましょう。

交渉の５つの原則と具体的な方法とは？

具体的に、どのような交渉をしていけば効果があるのでしょうか？　困ったときに役立つ交渉のテクニックを、５つ紹介します。

①感情を揺さぶる（相手の心に強く訴えかける）

好意的な言葉や行動で、相手の心に強く訴えるテクニックです。

上手に使うと、他のテクニックに勝る最強の説得（納得させられる）方法となります。

例：家電量販店で、55型テレビを購入するとします。希望は、20万円だが、お店は22万円が限界の模様。そんなときに、感情に訴えかけます。「いつもおたくで買っているし、あなたを次回も指名するから、あと少し何とかならないかな～」という感じです。

この交渉テクニックは、ほとんどの方が経験したことがあるはずです。「相手に何かをお願いして、あと少しで何とかなりそうなとき」「仕事で、営業マンが設計や工場など他の部署にお願いごとをするとき」「少し調子のいいことを言って、動いてもらうとき」「相手をほめて、その気になってもらうとき」などが該当します。

常日頃から、使いやすい交渉のテクニックとなります。

②論理的に対応する（情報やデータで根拠を示す）

情報やデータなど、客観的根拠を用いて相手を納得させるテクニックです。

この交渉を使うには、徹底した事前の情報収集と事実確認が必要となります。

例：家電量販店で、55型テレビを購入するとします。希望は、20万円だが、お店は22万円が限界の模様。そんなときは、他店の価格やネット価格で根拠を示し、22万円より安いのが妥当と交渉する方法です。

何の根拠もなく、「相手に動いてもらう」「価格を交渉する」のは容易ではありません。相手に納得してもらうための、比較対象が必要となります。その根拠となる情報やデータを示すことで、相手に理解してもらう方法です。ビジネスの交渉場面では、かなり必要とされるテクニックです。情報収集力やデータをまとめる力も必要とされます。

③威嚇する（相手に危機感を与える）

相手に危機感を与える、有無を言わせず従わせるテクニックです。これは、下手に使うと、自分にはね返ってくることもあるので注意が必要です。

例：家電量販店で、55型テレビを購入するとします。希望は20万円だが、お店は

22万円が限界の模様。店員に逆切れをして、私の要求が通らなければ、「この店では買わない！」と突っぱねる方法です。

状況によっては、この方法が有効な場合もあります。相手がハッキリしないときや、あと一歩で譲歩してもらえるときなどに使えます。

ですが、お客さまと営業マン、上司と部下など、長くつき合う関係では、度が過ぎると必ず後で雰囲気が悪くなり、仕事に悪影響を与えかねないので、この方法は注意してください。

④駆け引きをする（条件を出し合う）

こちらが何かを譲ることと引き換えに、相手の譲歩を要求するテクニックです。

ビジネスでは、常日頃から何らかの駆け引きが行われているものです。

例：家電量販店で、55型テレビを購入するとします。希望は20万円だが、お店は22万円が限界の模様。これ以上、テレビ単体での金額の値引きが難しいそうだと判断し、例えば外付けハードディスクをセットで購入できないかと要求したりすることです。

⑤妥協する（お互いの中間点を取り合う）

お互いに求める結果の中間点を取り、損益を分け合うテクニックです。期待通りの結果が得られないので、最後の手段として活用すべきです。

例：家電量販店で、55型テレビを購入するとします。希望は20万円だが、お店は22万円が限界の模様。では、中間点を取って、21万円で、お互いに妥協するという方法です（実際は、このようにはなりませんが……）。

これは、最終的に条件が折り合わないときに使う方法です。営業マンとお客さまの価格面での折り合いがつかないときに、そのまま言いなりになるのではなく、可能であれば中間点、そうでなくても、少しでも相手の譲歩を引き出したいときなどに使います。

このように、普段何気なく使っている交渉テクニックですが、まとめると、この5つに集約されます。

これを活用し、状況に応じた交渉ができるように意識してみてください。

第4章

コツさえ掴めば
セールストークは
身に付く

1

「自己開示」することで相手の心を掴め

表面的な会話しかできず、リピートオーダーに繋がらなかった日々

ここまでの章では、トークが苦手な方に覚えておいてほしい「基本的な心構え」を説明してきました。本章ではさらに踏み込んで、トークが苦手な方向けのごく簡単な「トーク向上術」を紹介していきたいと思います。苦手意識を乗り越えて、ぜひ実践してみてください。

営業マンは、「商品を売る前に自分を売れ」とよく言われます。それは、**お客さ**

まと営業マンが「どこまで深い信頼関係が作れているか」という部分が、商品を買っていただくために大きく影響するからです。

そのためには、**「自己開示」することが大切**になってきます。自ら進んで自分を開示することで、営業マンとしての信頼関係構築がしやすくなるばかりか、こちらから自分をさらけ出すことで、場合によってはお客さまもプライベートな話をしてくれるケースも多々あり、そこで営業という仕事の枠を越えた、人間同士の話ができる場合も多いのです。

私が営業のコツを掴み、営業成績がよくなってきたころ、あるＡＶメーカーの購買担当者からこんなことを言われました。

「大岩さんって、私たちのことをよく考えてくれていることは分かるのだけど、どんな人かいまひとつ分からないよね」

「そんな話が社内で話題になっているよ」

とのことでした。

よく考えてみると、お客さまのニーズを聞き出すため「話を聴くこと」に専念していたこともあり、自分の家族の話、趣味やスポーツの話、将来の夢など、仕事以外の私自身の話を、ほとんどしていないことに気が付きました。

お客さまのニーズを満たすことで売上はあがりましたが、それ以上の信頼関係を掴むには、仕事以外の部分でも、お客さまに「大岩という人間性」を知ってもらう必要があることに気が付いたのです。

あるところまでは「営業マンの対応が早い」「対応の質がいい」「融通が利く」など、仕事上の信頼関係だけでも成立します。ですが、リピートオーダーをいただくため、またはお客さまが何か困ったときに最初に声をかけてもらうようになるには、**「人と人との信頼関係の深さ」が大きく関係してくるのです。**

それには「自己開示する」ことが次のステップとなります。本当の意味で営業マンとしての信頼を勝ち取るためには、自分という人間を相手に知ってもらうことが最も重要なのです。そのためには、相手の話を聞くだけでなく、自分の情報もシチュエーションに合わせて開示していくのがベストです。

聞かれてもいない自分の情報をお客さまに話すのはおかしいので、話題やタイミングを見計らって、「実は私も○○なんです」など、自分のパーソナルな情報を相手に少しずつ伝えていきましょう。

「ジョハリの窓」から見る、自己開示の重要性

「ジョハリの窓」とは、サンフランシスコ州立大学の心理学者でもあるジョセフ・ルフトとハリー・インガムが共同で研究した、心理学でよく使われているモデルのことです。

自分をどのように公開し、どのように隠すか。コミュニケーションにおける自己情報の公開と、それによる円滑なコミュニケーションを考えるために提案されました。

ジョハリの窓には、４つの窓があります。

①開放の窓（自分にも、他人にも分かっている姿）

自分が考えている姿と、他人に見えている姿が一致している状態を指します。この窓の領域が大きければ大きいほど、相手が自分のことを知っているといえるので、信頼関係が掴め、円滑なコミュニケーションができるようになります。

例えば、私が会社員だったときには、私が営業マンであり、ＡＶメーカー担当だということは、お客さまも分かります。このように、お互いが分かりあっている部分のことを「開放の窓」といいます。

②盲点の窓（他人は分かっているが、自分には分かっていない姿）

これは、自分は気付いていないけれど、他人には見えている自分の姿です。「あの人、ときどきムッとした顔するよね」などという、自分では見えない部分のことです。

自分が自己開示していないことに気が付いたわけです。

「開放の窓」を大きくするためには、この「盲点の窓」、すなわち「他人から自分のことがどう見えているか」を、直接教えてもらうしかありません。

自分では分かっていないけれども、お客さまは知っていることです。私の場合は「大岩さんのプライベートの部分が見えないよね」とお客さまに言われたことで、自分が自己開示していないことに気が付いたわけです。

③秘密の窓（自分では分かっているが、他人には見せていない姿）

言葉の通り、自分が他人に隠している姿です。この領域が大きいと、他人とのコミュニケーションがうまくいかないことも出てきます。

「私は結婚していて双子の子どもがいます」「愛知県名古屋市の○○に住んでいます」「趣味は、ゴルフとスキーです」などということは、私だけが知っている情報であり、お客さまには私から伝えないと、知ってもらうことはできません。

こうした情報を自己開示することで、相手は私の情報を知ることとなり、お互いが共通の情報を持つこととなります。これで開放の窓が大きくなるのです。

④未知の窓（自分にも他人にも分かっていない姿）

これは、自分自身も周囲の人も気付いていない自分です。この部分は、だれにも分かりません。別の言い方をすれば、自分自身の未知なる可能性ともいえます。

この窓に入る部分に関しては、自分にとっても他人から見た自分という意味でも、新しい一面ということになります。これは「転職したら仕事面で新しい興味の対象ができた」と感じたり、「新しい趣味に目覚めたとき」など、何らかのきっかけがあったときに発見できるかもしれません。しかし、この窓に関しては意識して広げようとする必要はないでしょう。

私たちは日々、**お客さまとの良好な信頼関係を築くために、①の「開放の窓」を広げることを意識しなければなりません。**そのためには、自分が知っていて相手が知らないこと、すなわち、自己開示をする必要があるのです。

「開放の窓」を大きくして自己開示せよ

「開放の窓」を大きくした結果、私自身、大きく変わったことが２つありました。

１つ目は、お客さまとの信頼関係が深まり、仲がよくなった設計担当者から、競合他社に声をかける前に私に問い合わせをしてくれるケースが増えてきたことです。

営業マンにとって、どこよりも早く声をかけてもらうことは、競合他社よりも先に商品を提案できるため、圧倒的に有利な状況となります。

まだ客先の商品仕様が完全に決まっていない状況であれば、競合他社には存在しない商品や、自社にとって生産がしやすい、または利益率が高いなど、有利な商品を提案することもできます（もちろん、お客さまのメリットが第一であることは忘れないでください）。

または、これから開発が必要になる商品であれば、どこよりも早く商品開発に取りかかれるため、見本の提示、試作品の評価などの反応が他社よりも早く得られます。まさに、営業マンにとっての理想の状態を築くことができるわけです。

お客さまが開発を急いでいる案件の場合、他のメーカーとさほど遜色《そんしょく》がない商品であれば、先に採用決定してもらえることもあります。

2つ目は、先方の購買担当者から、競合他社よりも先に「価格」の相談をされるようになったことです。

購買、資材、調達など、メーカーによって部署の呼び名は違いますが、価格の最終調整をする部署です。

競合他社の概算価格が出揃ってからの見積り依頼は、たいていの場合、すでに決定している他の部品メーカーの価格を下げるために依頼された、当て馬的な存在になりがちです。

このような見積り依頼しかないうちは、なかなか自社の商品を採用してもらうことはできません。

反対に考えれば、お客さまから先に価格の相談をいただけるときは、自社商品の採用を優先的に考えていただいていることが多いのは当然です。

他社よりも先にお声がけいただき、お互いに納得のいく価格を提示できたことで、すぐに採用決定となったことは、何度もあります。

これは、ジョハリの窓で「開放の窓」を大きくしたことにより、お客さまとの信頼関係が構築でき、人間同士の親密度が高くなったからこそ、「先にお声がけいただく」ことができるようになったのです。

お客さまのニーズを正確に掴み、ニーズに合った提案ができるようになったら、次に目指すべきことは「競合他社よりも先に声をかけてもらう」ことです。

そのためには、お客さまとの信頼関係をより強固にしていかなければなりません。

そこで最大の要因になるのが「自己開示」だと覚えておいてください。

2

意外と簡単な4タイプの人心掌握術

人のタイプ分けを知らず、感覚に頼っていてはダメ

お客さまには、いろいろなタイプが存在します。言うまでもなく営業マンには、相手のタイプに応じて対応を変える柔軟性が求められます。

ここでは、商談をスムーズに進めるための**「タイプ別の人心掌握術」**をお伝えしていきます。

私が営業マンだった時代も、実は何となくの感覚で、お客さまへの対応を変えて

いました。しかし、もっと踏み込んで**「人のタイプの違い」を分析して営業活動をしていれば、よりお客さまの期待に応えることができたのではないか。**今ではそんな風に感じています。

そんな私の営業マン時代に、何度打ち合わせをしても、商談がすぐ終わってしまうお客さまがいました。私は、一生懸命に新聞や雑誌などで話題のニュースを仕入れ、雑談をしようとしたのですが、何を話しても興味がなさそうで、「先に用件をお願いします！」と言われたりします。

他には技術職の方で、打ち合わせの途中で、「データはありますか？」とおっしゃったり、商品について他社との差別化の話になったりすると、「その根拠はあるのですか？」と突っ込んでくるタイプの方がいました。本当に細かいお客さまだなと、私は少し苦手意識をもつようになっていました。

当時私は、こうしたお客さまのつっけんどんな反応を「自分の営業の方法が悪いのだ」と思っていたのですが、振り返ってみるとこのお客さまとの仕事は、あまり打ち合わせ時間を使っていないのにもかかわらず、不思議とスムーズに進んでいくことが多かったのです。

結局、私が営業をするうえで相手のタイプを熟知していなかったというだけのことでした。**対峙するお客さまのタイプを知れば、より効果的な営業ができることを、当時の私は知らなかったのです。**

コミュニケーションの4パターン「ソーシャル・スタイル」

「ソーシャル・スタイル」とは、1968年、アメリカの産業心理学者、デビッド・メリルによって提唱されたコミュニケーション理論です。

「感情（表出）」と「自己主張」の大小によって、人間のコミュニケーションパターンは4つのタイプに分類できるというものだそうです。

①ドライバーの特性（感情表出：小、自己主張：大）

合理的に目的を達成したい人で、社長、リーダー気質。人から指示、命令されるのを嫌う傾向が強く、自分が権力を握りたいタイプ。決断も早く、プロセスよりも結果や成果を重視するのが特徴。

私が営業マンとして打ち合わせをしていたとき、商談時間が10～15分ほどで終わってしまう人や、私の話が長かったり、物ごとがスムーズに進まないとイライラし出す人は、ほぼこのタイプの方でした。現在の私の企業研修でもこのテーマを扱いますが、創業社長、叩き上げの中小企業の社長などに多いタイプです。

②エクスプレシッブの特性（感情表出：大、自己主張：大）

社交的で行動力もあり、エネルギッシュ。性格は明るく、サービス精神旺盛でノリがよく、自分が注目されたいタイプ。飽きっぽく、コツコツとした地道な努力が苦手なのが特徴。

このタイプの人が客先の担当者の場合、話しがはずみ、打ち合わせがしやすかったというのが私の印象です。打ち合わせで宿題事項となっていた件の回答も早いです。ノリもいいため、こちらの提案も受け入れてもらいやすいのですが、すぐ忘れてしまったり、ノリで物ごとが進むことがあり、最後まで勢いが持続しないことが多々ありました。

③エミアブルの特性（感情表出：大、自己主張：小）

みんなに気を配る平和主義タイプで、いわゆる「いい人」。周囲の気持ちに敏感で、ビジネスよりも、人そのものを優先する傾向も。周囲の状況によっては、自分の気持ちを抑えるのも特徴。

お客さままでこのタイプの人が担当者の場合、まず親身になってこちらの話を聞いてくれます。しかし、状況に気を配りすぎて、自分の上司を説得するのに時間がかかる場合も多々あります。私が以前にこのタイプの方を担当したときは、〝ＮＯ〟と言ってもらえないために〝ＯＫ〟だと思っていた商談が、最後の最後にダメになったということがありました。

④アナリティカルの特性（感情表出：小、自己主張：小）

理屈、データを重要視するタイプ。数値や状況から現状を分析するのを好み、データを分析してから行動を起こす傾向が強い。感情は表に出さず、完璧主義に近い気質がこのタイプに見られる特徴。

私の経験では、お客さまでこのタイプの人は、設計や開発担当者に多かったです。ノリや勢いでは話を聞いてもらうことはできず、必ず分析データを持参して「根拠」を示さないと、打ち合わせが先に進みません。

企業研修を見ていると、技術職や研究職の方に多いタイプだとわかります。

4つのタイプそれぞれの効果的な攻略方法

①ドライバーの特性（感情表出：小、自己主張：大）

このタイプの攻略方法は、雑談などムダな話をせず、すぐに用件を伝えるなど、なるべく本題から入ることです。

人に指示・命令をされたくないということは、相手にペースを握られるのが嫌いなのですから、こちら側が相手をコントロールしようとしてはいけません。駆け引きなどをせずに、ストレートに、正直に話すのが一番の攻略法です。

②エクスプレシッブの特性（感情表出：大、自己主張：大）

このタイプは雑談で話を盛り上げたり、お世辞を言ってその気にさせることで、調子があがっていきます。ポイントは、本人に焦点を当てた会話をすること。

例えば、お客さまが、小学2年生のお子さんとディズニーランドに行ってきたという話になった場合、「お子さんは、楽しかったでしょうね！」と、お子さんに焦点を当てるのではなく、「○○さんは、家族思いなのですね！」と本人に向けた言葉を選ぶと、相手は心を開いてくれます。

③エミアブルの特性（感情表出：大、自己主張：小）

このタイプは周囲の状況や周りの雰囲気を気にするため、まず、雑談などをして場を作ることから始めましょう。言葉のキャッチボールも大切で、「うなずき」や

「あいづち」など、相手の話を聞くスタンスが大切です。売り込みの最後にこちらからグイグイとプレッシャーをかけるのは、やめたほうがいいです。

　また、このタイプの人は上司が同席しているとあまり話をしませんし、こちらが上司を連れて行くと気を遣うので、状況によって対応を変える必要があります。

④アナリティカルの特性（感情表出：小、自己主張：小）

　このタイプは、雑談をしてもダメ、相手を盛り上げてもダメです。とにかく根拠が必要なので、数値化されたデータ、その話をする根拠、理由は必ず用意して商談に臨むことです。話が飛ぶと、「よく分からない！」と言われることもあります。

　必ず結論から、筋道を立てて話す必要があります。ごまかしは通じません。話の説得材料となる図面、データを社内で取り寄せるのに時間がかかることがありますが、事前準備に絶対に怠らないようにしましょう。


**　このように相手を分析して４つのタイプに性格を分類し、そのタイプを意識して客先の担当者に対応することで、商談は飛躍的にスムーズになります。**

3

雑談力は「木戸に立てかけし衣食住」

雑談は、場を作るコミュニケーションツール

話が苦手な営業マンにとって、雑談ほど気が重いものはないでしょう。無理に雑談をしようとして、かえって失敗してしまった経験のある人も少なくないと思います。でも大丈夫です、**雑談はコツさえ掴めばだれでもできるようになります。**あまり気負わず、ここで紹介する内容をロジカルに考えて実践してみてください。きっとあなたの武器になると思います。

営業マン時代、他のトップセールスの方を研究しても、皆さん話題が豊富で、旬のネタを必ず取り入れていました。

要するに、話すのが下手であっても、話題の引き出し方さえわかれば、いくらでも場を和ませるトークができるのです。

雑談が広がれば、商談の場も温まり、スムーズに話が進みます。

私が普段行っている企業研修や講演でも、最初は受講者が遠慮をしていたり、警戒していることもあり、そのまま、すぐに講座を進めてもなかなかうまくいきません。そのため、私が受講生に興味を持たれそうな話をしたり、受講者に動いてもらったり、しゃべってもらったりして、場の空気を温めてから研修や講演をスタートするようにしています。

日頃何度もお会いしているお客さまであれば、お互いのことを分かっているので、会話に困ることはさほどありません。しかし、初対面の人には何を話したらいいか迷ったり、困ったりすることが多いはずです。

そんなときは、次のテクニックを実践してみてください。

覚えておきたい『木戸に立てかけし衣食住』

私の営業研修でも講座中に伝え、受講生に覚えてもらっている用語があります。

「木戸に立てかけし衣食住（きどにたてかけしいしょくじゅう）」。

すぐに使える雑談の頭文字を取り、語呂合わせにしたものです。

木《き》（季節の話）

季節の話題は、いつでも、どんなときでも使えます。夏になれば、「暑いですね～」、冬になれば「寒いですね～」という話ができます。春は桜の話、暖かくて過ごしやすくなったという話、秋は涼しくなったり、紅葉の話などができるでしょう。その季節に合った話題を選べます。

戸《ど》（道楽・趣味の話）

昔は、マージャン、パチンコ、ゴルフやプロ野球の話が定番でした。最近では、時代の変化とともに趣味も変わってきており、ボルダリングや加圧トレーニング、インスタグラムやスマホアプリなどの話も話題にあがるようになってきました。

野球の侍ジャパンやサッカーのワールドカップ、オリンピックの話なども、かなり使えます。多くの人が興味を持つ話題なので、営業マンはあまり興味がなくても、絶対におさえておいた方がいいです。

に（ニュースの話）

日々、いろいろなニュースがテレビや新聞で報道されています。みんなが知っている、世間を騒がせているニュースなどは必ず仕入れておくべきものです。

ニュースの話はそのときどきによって変わるので、非常に使いやすい話題といえます。

立《た》（旅の話）

旅行が好きな人は、やはり多いものです。社会人になると仕事で忙しく、なかなか旅行に行けない人もいるかもしれません。

ですが、決して遠くでなくてもいいので、普段からなるべくどこかに出かけておくと、話題に困ることはなくなります。旅は気分をリフレッシュでき、ストレス解消にもなるので、みなさん話題のスポットや行き先には興味があるのです。

て（天気の話）

天気は毎日変わるので、話題としては長続きしませんが、即効性はあります。雨が続いたとき、晴れが続いたときなどが、話題に出しやすいです。私の場合も、梅雨や夏の暑い日などは、いつも話題にしていた記憶があります。

か（家族の話）

家族の話もテッパンです。お客さまが結婚したばかり、お子さんが生まれたばかりのときは、とくに喜ばれます。幼稚園や小学校の入学、卒業などもテーマにしやすいです。お客さまに家族がいれば、ぜひ話題に出しましょう。

ただし、逆にお客さまに家族がいないときは嫌がられることがあるので、相手によって使い分ける必要があります。

け（健康の話）

20代であれば、あまり健康を気にしていないかもしれませんが、30代から少しずつ気になりだし、40代、50代となっていくうちに、かなり健康面が気になるようになってきます。自分が普段行っている健康法などの話があると、相手も興味を持ってくれます。痩せた、太ったという話や、ダイエットの話も、相手との距離を縮めやすい話題の1つです。

ただし、相手が女性の場合は、気を付けましょう。この場合は、女性をほめるスタンスを忘れないことも、営業マンとしてのエチケットです。

し（仕事の話）

仕事の話は、お互いがビジネスマンであるため、ネタにしやすい話題です。「残業がどれくらいあるのか？」「最近、仕事が忙しいか？」「最近の業績はどうか」など、話題にするテーマはたくさんあります。

お互いの仕事の大変さなども共感し合うことができると、とても仲が深まります。

衣《い》（ファッションの話）

ファッションは、女性や若い男性を相手に話すといいでしょう。残念ながら、男性で、結婚した後だんだん歳を重ねてくると、ファッションに疎《うと》くなってくる人が多いので、話題にしにくいこともあります。

食《しょく》（食べ物の話）

食べ物の話は、話題が尽きないです。お客さまの会社の近くで、有名な美味しいお店があれば、一度は必ず食事しておきましょう。慣れてきたら、直接、お客さまに聞いてみるのもありです。

私は、お客さまの会社の近くにある美味しいお店は、徹底的に調べ、必ず行っていました。できれば、お客さまの好きな食べ物も把握しておきましょう。

住《じゅう》（住まいの話）

引っ越したとき、マンションや戸建てを購入したときなどに、話題にしやすいテーマです。

お客さまが転勤して赴任したばかりのとき、自分が転勤したときなども話題にしやすいでしょう。お互いの地元の話なども盛り上がったりします。

このように、雑談にしやすい話題というものがあります。「何を話そうかな〜」と考える前に、「木戸に立てかけし衣食住」の言葉を思い出しましょう。1つのテーマで広がらなければ、次のテーマで振ってみるのです。そうやって繰り返しトライすれば、きっと話題は広がっていくはずです。

そのためには、営業マンのみなさんも、普段からニュースや流行の話題などにはアンテナを立てておく必要があります。ぜひ意識してみて下さい。

4 「上手な質問」で自分のペースに巻き込め

質問は意図と狙いを明確にしてすること

営業活動に慣れてくると、お客さまに対する質問が徐々に上手になってきます。ですが、明確な意図や狙いのない、ただなんとなくの質問はあまり意味がありません。

そこから一歩ステップアップして、意識的に質問を使い分けられるようになると、お客さまから話を引き出すのが上手になり、営業に厚みが増すようになります。

商談の場における「質問」というのも、営業においては重要なスキルなのです。

もちろん、「どんな質問がベストなのか」と悩む人も多いかと思います。しかし、ここまで解説してきた「雑談の力」や「聴き上手の力」と併用することで、自然と「質問する力」も付いてきます。**的確な質問をする営業マンは、商談をよりスムーズで実りのあるものにすることができます。**ここでは、そんな「質問する力」のコツを紹介していきます。

営業に慣れていないときは、客先で商談をした後、上司や会議の場で報告を求められた際、必要な情報のヒアリング不足で上司に叱られた経験のある方も多いのではないでしょうか。

とくに技術部門や工場（商社であればメーカー）と打ち合わせをする際に、「○○はどうなっているのか？」などと、本来は営業マンが客先から聞き出しておくべき情報が不足していることで、大勢の前で突っ込まれてしまった経験は、だれもが持っているはずです。

以前私が営業マンをしていた電子部品業界は、車載、ＡＶ情報機器などの大手メーカーが取引先となるため、技術部門、工場などの生産部門との連携が多く、少しでもお客さまからのヒアリングが足りないと、毎回「情報が足りない！」とよく怒られたものです。

私は何度もヒアリング不足で叱られた経験があったおかげで、必要な情報は、必ず商談時に質問して確認するクセがつきました。

しかしこのときはただ情報を把握するだけで、「質問の上手な使い分け」ができているわけではありませんでした。

お客さまのニーズを聞き出して提案する際には、少しでも多くの情報が必要です。その情報に合う商品を提案する必要があるからです。そんなときに、**質問する意図、質問の狙いなどの使い分けができれば、営業マンとして1つ上のステップにいけることになります。**

では、どのような質問に対してどのような効果があるのか、具体的に紹介していきましょう。

２つの異なる「クエスチョン」の使い分け

質問には大きく分けて、２種類あります。**「クローズドクエスチョン」**と**「オープンクエスチョン」**です。分かりやすいように、まず「クローズドクエスチョン」から説明していきます。

●クローズドクエスチョン

「はい」「いいえ」で、答えられる質問のことを言います。

質問：今日の朝ごはんは食べましたか？
答え：はい・いいえ

このように、相手の意思を聞きたい場合や「ＹＥＳ・ＮＯ」をハッキリさせたいときにこの質問を使うことになりますが、会話としては続きません。

話が続かない場合は、この「クローズドクエスチョン」を多発している可能性が高いです。こういう状況を自覚した際には、「話を広げようと頑張ってはいるが、〝クローズドクエスチョン〟になってしまっている」と認識しましょう。

例えば、営業の商談に入ったとき、雑談で場を作ろうと話をしても、

質問：今日は暑いですね
答え：はい、暑いですね
質問：最近、忙しいですか？
答え：はい、忙しいですね

と、ひと言で終わってしまいます。

これが、話を続けよう、広げようとしているにもかかわらず「クローズドクエスチョン」になってしまっている場合です。このような質問だけで終わることはないとは思いますが、こうした質問ばかりしていると、話が続かないので要注意です。

ただし、「クローズドクエスチョン」には、別の側面で強い威力があります。それは、「はい」「いいえ」と、相手の意思表示をハッキリさせることができる質問だという点です。

商談で、商品を買うか買わないかをハッキリさせるには、「クローズドクエスチョン」を使って、確認しなければなりません。

ほかにも、商談での約束事を確認するとき、会議でまとめをするとき、次回までの宿題案件を確認するときなどは、「○○と、○○でいいですね」と確認し、「はい」となれば、そこで終わります。「ここが違います」となれば、再度、確認すればいいのです。

「クローズドクエスチョン」は、使いこなすのが苦手な人も多いのですが、「言った、言わない」を避けるためにも、とても使える質問のスキルなのです。

では、どのような質問を使えば話が続くのでしょうか?

それは、「オープンクエスチョン」を使えばいいのです。

●オープンクエスチョン

「はい」「いいえ」で答えられない質問のことを言います。

質問：今日の朝ごはんは、何を食べましたか？
答え：パンと玉子焼きです。

というように、具体的な内容を聞き出すことができます。
この会話だけでは、ひと言で終わっているような感じに見えますが、「何を食べたのか」がハッキリしました。営業の商談の場面でも、相手のニーズを掴むなど、相手から情報を引き出すには、必須のスキルなのです。
では、さきほどの会話でどのように話を展開していけば、話がつながるのでしょうか？

質問：今日は暑いですね。暑いとき、体調管理はどうされていますか？

答え：確かに、暑いですよね。
　エアコンの温度を下げすぎないように気を付けていますよ。
質問：最近、忙しいですか？　どんな仕事がとくに多いのですか？
答え：はい、忙しいですね〜。
　もうすぐ新製品が出るので、そのテストと検証作業に追われています。

　というように、「オープンクエスチョン」を使うと、「はい」「いいえ」で答えられないので、話は続くようになります。**とくにその中でも、「5W1H」を使って質問すると、話が深まりやすいです。**

　5W1Hとは、ご存知のように、

・When　いつ？
・Who　だれと？
・Where　どこで？

・Why　なぜ？
・What　何を？
・How　どうやって？
です。

例えば、

質問：昨日の夜、何を食べましたか？
答え：カレーです

という会話になったとします。
人は、言葉を省略する生き物です。なので、普段からこれだけで会話が成り立ってしまいます。日常会話や慣れた人との会話の場合は、「なんとなくの雰囲気」で理解できてしまいます。ですが、ビジネスの現場では、勘違いをして間違えてしまう原因にもなるので要注意です。

実はこの中には、まだ分からない要素がたくさん詰まっているのです。これを**「５Ｗ１Ｈ」で分解し、ハッキリさせていくのです。**

カレーを食べたということを、詳しく分解して確認していきます。

When「いつ？」
質問例：何時にカレーを食べたのですか？
※自分の食事時間が、みんなに当てはまると思ってしまいがちです。

Who「だれと？」
質問例：カレーは、だれと食べましたか？
※一人なのか、家族となのか、友達となのかは、聞いてみないと分かりません。

Where「どこで？」
質問例：カレーを食べた場所は、どこですか？

※自宅だけとは限りません。カレーハウスかもしれません。

Why「なぜ?」

質問例：なぜ、カレーにしたのですか?

※カレーを食べた理由があるはずです。

What「何を?」

質問例：カレーの具材は何ですか?

※何カレーを食べたのかは、質問してみないと分かりません。「カツカレー」「コロッケカレー」「ビーフカレー」などなど、カレーも多岐にわたります。

How「どうやって?」

質問例：どうやって食べましたか?

※例えば、カレーをライスで食べたのか、もしくはナンで食べたのか。これもより具体的に相手の情報を引き出す質問になります。

最初の質問では、「カレーです」と、カレーを食べたことしか分かりませんでしたが、時間、人、場所、理由、種類、方法がハッキリしました。

ここではあえてわかりやすくカレーの話を例にしましたが、お客さまとの会話の中でいろいろな情報を聞き出すときに、この「５Ｗ１Ｈ」の質問はとても便利です。

これに、「クローズドクエスチョン」と「オープンクエスチョン」を合わせることで、相手から情報を引き出し、行動を促《うなが》したり、商談をまとめたりできるようになります。

この２つは「質問するスキル」と意識して、効果的に使ってみて下さい。今までと違う会話の展開になるはずです。

5 

相手に「話が伝わりやすい」2大法則

話がバラバラだと、相手に伝わらない

営業をしていると、新製品の紹介や、多くの人に同時に説明をするときなど、どうしても話を分かりやすく伝えなければならない局面がでてきます。**いわゆる「プレゼン力」が問われるシーンです。**

しかし、この「プレゼン力」は、そう簡単に身に付くものではありません。ましてや、営業初心者や口下手な営業マンにとっては、かなりハードルが高いと感じてしまう人も多いでしょう。

しかし、コツさえ掴んでしまえば、実はそう難しいことではないのです。

そのコツとは、ここで紹介する「**ＰＲＥＰ法**」と「**ホールパート法**」という、２つの話の組み立て方です。

私もかつてはたくさん失敗してきましたが、「プレゼン力」とは、要するに「**相手に伝わりやすい話し方」がいかにできるかということです。**この２つの話法をベースに考えていけば、不安になる必要はありません。

私が営業マンだった時代、お客さまに言葉を伝える際、「伝え方」「しゃべり方」など、いろいろと試行錯誤してきました。

それは、初めてお会いしたお客さまや、担当者がまったく面識のない上司を連れてきたとき、またはいくつもの部署が一堂に集まっての商品採用会議の場面などで、私の説明が「伝わっていない」と感じることが多くなってきたのがキッカケでした。

空気感が分からない、あまり親しくない相手の場合、私の話の組み立て方では、話の内容が「伝わったり」「伝わらなかったり」してしまうのだということを知ったのです。

営業マン時代、人前でプレゼンする機会はほとんどなかったため、上達するのには時間がかかりましたが、先の2つの法則を取り入れてからは、一気に上手くなった気がします。

では、その法則とは、どんなものなのでしょうか?

2つの法則を使えば、相手に伝わる!

みなさんに紹介したい2つの法則とは、「PREP法」と「ホールパート法」です。

「PREP法」とは、文章を分かりやすく表現するためのものですが、**相手に話を伝えるのにも役立つ「話の組み立て方」**です。

「ＰＲＥＰ法」
Ｐ＝Point（結論）
Ｒ＝Reason（理由）
Ｅ＝Example（事例、具体例）
Ｐ＝Point（結論）

という構成です。英語の頭文字を取って「ＰＲＥＰ法」と呼んでいます。
これを「私のマイブームは？」というテーマに沿って、「ＰＲＥＰ法」で作成してみます。

Ｐ＝Point（結論）
私のマイブームは、スイーツの写真を撮り、FaccbookなどのＳＮＳにアップすることです。

Ｒ＝Reason（理由）

仕事以外の側面である、スイーツ好きを知ってもらいたいのと、たくさん「いいね！」や「コメント」をもらうと嬉しいからです。

E＝Example（事例、具体例）

さまざまな人気店の売れ筋スイーツから、季節ごとに旬のパフェなどを紹介したり、新しくオシャレなカフェを開拓したりして、お店の紹介もするようになりました。

P＝Point（結論）

これによって仕事での会話の幅も広がり、お客さまとの話のきっかけづくりができるようになりました。

というようになります。このように話を組み立てると、分かりやすくなりますね。

次は、「ホールパート法」です。これは、プレゼンなどではよく使われている方

法です。
このホールパート法とは、最初に話の全体像「**WHOLE**」を伝えてから、話の詳細な部分である「**PART**」を説明していく方法です。
最初に、全体像を伝えることで、話を聞く人は、理解しやすくなります。

同じく「私のマイブームは？」というテーマで作成してみます。

全体像「WHOLE」
私のマイブームは、３つあります。１つ目は、スマートフォンでスイーツを上手に撮影すること。２つ目は、人気が出そうなスイーツを探すこと。３つ目は、スイーツをFacebookなどのＳＮＳにアップして、「いいね！」や「コメント」をもらうことです。

話の各部分「PART」
１つ目のスイーツ写真撮影ですが、昨今のスマートフォンでは細かい撮影の設定ができたり、撮影した写真を加工するアプリも多いので、より美味しそうにスイーツの写真を撮ることを楽しんでいます。

2つ目の人気が出そうなスイーツを探すことですが、ファミレスでも、新商品が出るといち早く食べたり、おしゃれなカフェでお店それぞれが工夫を凝らしたスイーツを堪能しています。

3つ目のＳＮＳにスイーツ写真をアップすることですが、投稿してからの友人の反応を見るのが楽しみです。目新しい新商品や季節のスイーツに対しては、みなさん反応がいいです。

こんな感じになります。たくさんのことを紹介したいときに、**ホールパート法で話を分割してみると、わかりやすくなります。**

2つの法則を、ビジネスで上手に取り入れるには

では、この2つの法則を、ビジネスに沿った内容を取り入れて説明していきます。

私がパソコンメーカーで働いていたとき、あまり専門用語に明るくないお客さまに商品説明をする際、苦労したことを例に出してみましょう。

販売員がとあるパソコンの機能や利点をお客さまに説明する場面です。何も工夫をしないと、このように、情報を並べるだけになってしまいます。

「このパソコンは、CPUがcore i7といって処理が速く、メモリも12GBあり、申し分がありません。HDDも1TBありますので、何でも保存できます。ワード、エクセル、パワーポイントソフトや年賀状ソフトが付いており、とても便利です。保証やサポートも通常1年ですが、3年もあるので安心ですよ」

正直、この説明では、何を言っているか分からない人が多いのではないでしょうか。

これを、「PREP法」と「ホールパート法」を組み合わせて、分かりやすく文章の組み立てをしてみます。幼稚園から小学校低学年のお子さまがいる家族に向けて話すようなイメージでやってみましょう。

まず、ホールパート法で全体像を示します。その後、パートごとに、PREP法の「理由」と「具体例」を付け加えます。

●全体像「WHOLE」

このパソコンは、**3つのおすすめしたい点**があります。1つ目は、他の製品と比較して性能が高いこと、2つ目は、ソフトが充実していること、3つ目は、保証期間やサポートしてくれる期間が長いことです。

●話の各部分「PART」

・**結論**

1つ目のおすすめしたい点は、性能が高いことです。

・**理由と具体例**

性能が高いというのは、広い机で作業したり、モノを入れる箱が大きいというようなイメージです。性能が低いと、使用していくうちに、お子さんの運動会を撮影した動画の処理などに時間がかかるようになり、パソコン自体の動きが遅くなるなど、使い勝手に影響が出てきます。加えて、保存できる写真や動画の数にも限界が出てきます。

・**結論**

2つ目のおすすめしたい点は、ソフトが充実していることです。

・**理由と具体例**

ワープロソフトのワード、表計算ソフトのエクセルだけではなく、プレゼン用ソフトであるパワーポイントも、最初から搭載されています。最近は、自宅で簡単な講座やセミナーを開いたりする方もいますので、パワーポイントがあった方が役に立つかもしれません。この3つのソフトがあれば、自宅で仕事をすることもできますしね。

・結論

3つ目のおすすめしたい点は、困ったときにサポートしてくれる期間が長いことです。

・理由と具体例

パソコンは家電の中でも壊れやすいものなので、万が一故障したときに、通常は1年ですが、3年まで無料修理が保証されます。何か分からないことがあった場合、気軽にサポートセンターに電話で問い合わせすることもできますので、安心して使えます。

こんな感じに組み立て直すことで、相手に伝わりやすい内容となるのです。

バラバラになっている内容を、ＰＲＥＰ法やホールパート法でまとめることで、とても分かりやすく伝えることができます。

とくに口下手だと感じている営業マンの方は、この2つを意識して話してみると、その効果が実感できるでしょう。

ぜひ工夫して、営業活動に取り入れてみてください。

6 ときには〝NO〟と言える勇気も大切

付加価値のない営業マンは価格勝負しかない

営業活動をしていると、必ず競合他社の存在が目につきます。競合他社が存在するということは、最終的には仕事の取り合いになり、価格勝負になってくる局面が出てきます。

そんなとき、お客さまの言う通りに価格を下げなくてはいけない場合もありますが、それに応じるばかりでは、営業マン失格です。**ときには〝NO〟と言える勇気も必要なのです。**

お客さまに嫌な思いをさせず、〝NO〟と上手に言えるようになれば、営業の幅はグンと広がります。いくらお客さまでも、無理な条件では自社の利益に結びつきません。ときには「断る」というのも、大切なスタンスなのです。

私が営業マンとして勤務していたとき、半年にわたってあるクライアントに提案をし続けた成果が実り、その製品の採用が決まりかけたことがありました。

私は先方の設計部に通って設計段階からかかわり、事前にその製品のおおよその価格は担当者に伝えてあったので、その価格で決まったと思っていました。

そして、その案件が設計部から購買部に変わったとき、なんと購買担当者から「その価格では採用できない」と言われてしまったのです。

「設計部に伝えて了承をもらっている」と伝えても、購買担当者には受け入れてもらえません。どうやら、設計部で私が提案した製品がほぼ決まりかけているとき、購買部は後から競合他社に連絡を取り、ほぼ同等製品の相見積りを取っていたようなのです。

そのとき私は、仕事欲しさから「なるべく御社の希望の価格に合わせます」と言ってしまいました。

結局、この案件はお客さまの希望する価格での見積りを出すことで私の会社が受注できたのですが、会社としては、ほぼ利益がありませんでした。

振り返ってみると、当時の私は「営業マンとしての価値」がよく分かっていなかったので、**お客さまの機嫌を損ねないように「何でも言うことをきくのが営業マンの仕事」だと勘違いしていたのです。**

しかしこの案件は、無理に価格を下げてまでお客さまの希望通りにする必要はありませんでした。なぜなら、受注はしても会社として利益が出なければ、営業マンとしては失格だからです。

このときの私には「この価格でお願いします！」「当社には価格だけではない○○な部分があります！」と、自社製品、そして自分の営業マンとしての付加価値を客先にアピールできなかったのです。

営業マンの付加価値を高める方法

まず「営業マンの付加価値」を高める方法の大前提は、**価格ではなく「あなたから買いたい」と客先から言ってもらえるような営業マンになることです。**

当たり前のようですが、具体的には「お客さまのところによく通う」「対応がだれよりも早い」「相手のかゆいところに手が届く提案をする」「お客さまの役に立つ情報を常に提供する」など、とにかく**相手が困っていることを解決するスキルを身に付けること。**これが非常に重要です。

こうしたことを意識して日頃から営業活動に従事していると、自然とお客さまとの距離が縮まっていきます。

最も望ましいのは「彼に頼めば何とかしてくれる」と、お客さまからの信頼を勝ち取ることです。ここまでの関係にもっていければ、**価格競争だけの営業マンから脱却する**ことができるようになります。

これは私の長い営業経験の中で、自分自身も悩みながら到達した1つの答えです。

私の場合は、自分の付加価値を高めるために、まずは相手のニーズを詳細に探り、そのニーズに合った製品やプランを提案することを心がけました。そのためには、まず、お客さまに何度も会わないといけません。

よって第一にアポをたくさん取り、**お客さまと会う回数を増やすことを目標にしました。**

相手のニーズが詳細に把握できたら、今度はそのニーズに合った製品やプランを提案することを目標にしました。お客さまの困りごとに合わせて独自の企画書を作成し、自社のサンプルと図面を持参して、いかに自社の製品の信頼性が高いのかを説明したり、ときには自社の設計担当者を客先に連れて行くこともしました。

同じ客先を訪問するにしても、**ただの御用聞きと、常に何らかの新しい情報や提案をもってくる営業マンとでは、結果は雲泥の差です。**

こうして私は、値下げを要求されたとしても、別の価値を交渉材料にできるようになっていったのです。

もう1つは、他社がやらない**「アフターフォロー」に力を入れる**ことです。お客さまのところへ定期的に通う中で、提案と同時に過去に採用してもらった製品の状況を聞きだし、顧客満足度を高める努力をすることです。

売るまでは一生懸命なのに、売った後のアフターフォローを軽視する営業マンは意外なほど多いです。だからこそ**「アフターフォロー」に力を入れることで、他社の営業マンとの差別化を図れるのです。**

私は、そこに力を入れない営業マンをたくさん見てきました。そんな人がお客さまから言われるのは、**「あなたは売ったら終わりですか？」**という言葉です。これを言われたら、そのお客さまからに二度と仕事が取れないと思っていいでしょう。

営業マンは本来、商品を売って売上をあげることが、会社から与えられた仕事です。もちろん、ときには価格を下げざるを得ないこともあるでしょう。しかし、付加価値の高い営業マンになっていれば、その事態を避けられることも多くなります。

第5章

トップセールスマンになるための「成約力」

1 成約率をあげるクロージング方法

営業マンは、時間をムダにしない

ここからは、これまで本書で解説してきたことの集大成として、トップセールスマンになるための、より具体的かつ現実的なスキルを紹介していきます。

まず解説するのは、営業の要となる「**クロージング**」です。**口下手な営業マンは、とくにこのスキルが不足している人が多いと思いますが**、ここで解説する内容を参考に、ぜひ営業マンとしてステップアップできるキッカケを見付けてみてください。

個人向けの営業マンが商談を決められなかった、もしくは、失敗したケースとして考えられるのが、**商談途中のお客さまのサイン、シグナル**を見逃してしまっていることです。

これを克服するための第一歩として、お客さまが購入する可能性が高いときにでるサインやシグナルと、お客さまが購入したくない、必要ないと思っているときにでるサイン、シグナルを上手に見分ける必要があります。

サインやシグナルによって、お客さまが購入する可能性が高いと思ったときは、営業マンは、多少強気に出ないといけません。決断を促したりすることも必要です。ひと通り説明した後に、「よく考えてから判断してくださいね」「返事はいつでもいいですよ」などと言っているようでは、営業マン失格です。

テスクロ（テストクロージング）といって、お客さまが購入の意思があるかないかを探るような質問をしてみるのも効果的です。

例えば、「ここまで話をお聞きになってみて、いかがですか?」「この商品やサービスをご購入したくなりました?」などの言葉です。

逆に、テスクロを入れた時点でのお客さまからのサインやシグナルによって、その相手が買う気がない、今が購入のタイミングではなさそうだと判断したときは、あまり粘ったりせず、深追いしないことが肝心です。

営業マンは、少しでも時間を有効に使いたいはずです。購入の可能性のあるお客さまに時間を使った方がいいのです。そのための判断材料を、私の営業経験を元に、お伝えしたいと思います。

では、テスクロ時におけるお客さまからのサイン、シグナルなどの反応には、どのようなものがあるのでしょうか？

テスクロで見極めるお客さまのサインやシグナル

個人のお客さまに対して商品やサービスの説明をしていると、相手はいろいろな反応を示します。その中でも、こんなサインやシグナルを示したら、お客さまが購入する可能性が高まってきたときです。営業マンは、少し強気に商談をすすめていきましょう。

①お客様から値段を聞いてきた場合

商品に興味があって、購入する気がある人は、値段を聞いてくる傾向にあります。購入する気がどの程度あるか、ここで紹介する他の反応に意識を向けながら、話をすすめていきましょう。

営業マンは、むやみに値段を提示するべきではありません。**相手がその商品やサービスの値段に興味を持ったときがチャンスとなるので、そこに興味を持たせるようなプレゼンをすることが第一の目標となります。**

②他の人の状況を聞いてきたとき

他の人の状況が気になるということは、自分に対しての購入の説得材料が欲しい場合が多いです。「他の人は、どんなプランに入っているのか?」「どんな人が購入しているのか?」「何が決め手になって購入しているのか?」「興味を持った人の何割が購入しているのか?」などと、他の人のことを確認してきます。

この質問が出てきたときは、お客さまに丁寧に説明してあげましょう。**ここで購入する気が一気に高まり、購入する覚悟ができるケースもあります。**

③「もっと詳しく教えてほしい」「説明が聞きたい」と言われたとき

お客さまが商品に全く興味がないときは、話を聞いているようで聞いていないことが多いですが、興味を持ったときは、自分が納得できるまで詳しく話を聞こうとするものです。**商品に関する質問事項がたくさん出てくれば出てくるほど、お客さまは商品やサービスに興味を示している可能性は高いといえます。**

④納期、納品の時期を聞かれたとき

商品が欲しくなったら、お客さまは、すぐにでも欲しい、すぐにでもサービスを受けたいという気持ちになります。そんなとき、お客さまが気にするのが、商品が手に入る時期、サービスを受けられるタイミングです。

引っ越し、リフォーム、車の納車など、お客さまは希望する通りの日程を確保したいものなので、**この質問が出たときにはチャンスだと思ってください。**

⑥支払い方法の相談を受けたとき

これは、お客さまがかなり購入に傾いているサインです。営業マンを通して購入する商品は、最低でも十数万円、もしかしたら、数十万円後半から、数百万円するものも多いでしょう。そんなときにお客さまが一番気になるのが、支払い方法です。

ここで「一括払いしか対応していません」では、チャンスを逃すことも出てきます。分割払いへの対応も考えておきましょう。もちろんお客さまは、分割払いの際でも「金利」というものを非常に気にします。「その金利なら何年でいくらになるのか」「それを支払ってでも買うメリットがどれだけあるのか」ということを、しっかりと説明して相手に納得してもらうことができれば、もう成約は目の前です。

反対にこんなときは、お客さまは興味がないので、簡単に購入の意思の有無を確認して、商談を終了した方がいいでしょう。状況によっては、別の機会にあらためましょう。

①何度も時計を見る

これは、営業マンの話が予想以上に長いと相手が感じる場合、もしくは一方的に話されてしまい興味が薄れた場合などに、お客さまが取る態度です。このような状況を感じ取ることができず、延々と話し続ける営業マンもいますが、その空気が読めないようならば、やはりトップセールスマンにはなれません。

②うなずいているが、目線が違う方向を見ている

お客さまはこちらの話に興味がなくなると、話を聞かなくなるのですが、営業マンに申し訳ないと思って、聞いているふりをしているときがあります。顔の表情にも、興味がない雰囲気が出ています。

③「考えさせてください」と言われた

個人向けの営業では、その場で即決させないと、購入する確率がほとんどなくなります。本当に興味があって決断できない場合は、「なぜ考えたいのか？」の理由

をヒアリングし、問題点があればいっしょに考え、その場で購入を促します。

④「親、夫、妻などに相談して決める」と言われる

決裁権が自分にない場合、もしくは断り文句という2つのケースがあります。本当に他の人に相談してしか決められない場合は、3日間、5日間など、返事をもらう期限を設けましょう。そうでない場合は、断り文句ですので、深追いしない方が賢明です。

このように、**クロージングは「お客さまの反応」を見てタイミングを測るのが第一です。**やみくもに即決を促すだけでは、だれも買ってはくれません。トップセールスマンほど、こうしたお客さまの反応を注意深く観察し、その場をどうするか的確にジャッジしています。

その反応をみるために重要となる「テスクロ」を上手に使い、お客さまの反応を見ながら商談を進めれば、成約率は一気にあがります。難しいことかもしれませんが、この壁を越えることこそ、トップセールスマンへの第一歩なのです。

2

購入した直後が、追加購入のチャンス

実はみんな体験していること

みなさんが、家電量販店に高価格帯の家電を買いに行ったときや、自動車ディーラーに車を買いに行ったときのことを思い浮かべてみてください。

購入を決めてから、店員や営業マンにすすめられて、思わず付属品や保守サービスなどを購入、契約してしまった経験は、だれもがお持ちではないでしょうか。

そうなんです、これは個人向けの営業の話になりますが、**お客さまは大きな買い**

物をしたときほど、実は財布の紐がゆるむものなのです。そこを理解して営業活動することで、プラスの成績が出せる可能性があることを、ぜひ覚えておきましょう。

こうしたお客さまの心理を上手に利用することは、トップセールスマンになるためには必須のテクニックです。チャンスを活かせるかどうかで、その後の成績も、ひいてはお客さまとの付き合い方も変わってきます。営業マンはチャンスに対して常にアンテナを張り、そのチャンスを逃さないようにしなければなりません。

人は「購入を決意した瞬間」に安心した気持ちになります。そのため、ほかに便利なものや役立つものなど、メインで実際に購入するものの金額に比べて、さほど高くないものであれば**「ついでに」という心理状態が生まれやすくなるのです。**

コンビニや雑貨屋さんなどで、レジのまわりを見渡してみてください。レジの周囲には、１００円程度の、ガム、電池、ライターなどの小物が並んでいます。これが、お店が実践している**「お客さまが購入を決意した瞬間」に、他の商品を買ってもらう作戦なのです。**

パソコンを購入した場合もそうです。必ずインターネットの光回線の契約や見直しの提案をされます。人によっては、はじめからインターネットの光回線の話をすることもありますが、購入した直後の方が契約しやすい状態なので、購入を決めた後にすすめられるケースが多いのは、そうした理由があるのです。

さらには、メーカー保証が1年のところに、保証期間の延長をプラスする延長保証や、初期セットアップの代行をおすすめされたりします。

ほかには、ネット通販などの健康食品、化粧品業界で積極的に使われている「ワンタイムオファー」という強力な方法もあります。商品を注文した後に表示される注文完了ページに、必ずほかの商品が表示されるあれのことです。

しかも、決められた時間内なら「○%引き」と書いてあることが多いので、つい購入してしまう方がたくさんいます。

購入が決まった後、提案すべきは何か？

自動車の販売、住宅のリフォーム、保険、住宅営業の個人向け営業を4つの事例に分けて具体的な営業方法を紹介します。

まず**自動車を販売するカーディーラーの営業担当の場合**、値段交渉が終わり、お客さまが車の購入の決断をしたところで、次の車検までの保守点検整備の契約を提案してみましょう。オイル交換、オイルエレメント交換、タイヤの空気圧調整、万が一故障した箇所があった場合の無料交換などがセットになったものがいいでしょう。

販売店ではこうした保守点検のプランを用意しているはずですし、社内ですすめるように言われているかもしれません。**ベストなタイミングは、お客さまが契約する前で、車購入の決断をしたあたりです。見積り時に、このプランを提示してしまうと、購入費用削減のために、項目が削られる可能性があります。**

お客さまが、車を大切に乗るためには、定期的にカー用品量販店などでオイル交換をする必要があります。空気圧調整も、昨今のガソリンスタンドでは自分で作業することも多く、手間がかかるためムダにはならないサービスです。保守点検の契約は販売店で契約してもらった方が、お客さまと接する機会も多くなり、次の車も買ってもらいやすくなります。

次に、**住宅のリフォームの営業マンの場合**であれば、キッチン、お風呂など、**お客さまの希望するリフォーム箇所の商談が終わり、成約の意思を示したところで、購入特典サービスとしてお得感がある割引率を示し、お手頃価格の別のサービスを提案してみましょう。**

例えば、網戸の張り替え、断熱の窓やサッシの取替えなど、なるべく低額で「営業マンに説明されると必要かも……」と思うものを選んで提案するのが賢明です。

ちなみに、キッチンだけのリフォーム希望者に対してお風呂やトイレのリフォームを提案するのは、成約の意思を示す前にした方が得策です。後から別のプランを出して無理にすすめると、不信感を抱かれかねませんので要注意です。

そして、**保険の営業マンの場合であれば、他社からの切り替え、保険契約の見直し、更新の時が、追加提案するのにベストなタイミングです。**現在は昔と違い、保険の営業マンに説明を受け、内容が理解できなくても契約してしまうことは、ほとんどなくなりました。保険の内容や支払いの条件をきちんと示し、納得してもらってから契約してもらうケースがほとんどです。

こうした時代の変化を鑑《かんが》みると、生命保険の契約が終わってから「後出し」で別の医療保険、がん保険、三大疾病特約などを契約してもらうのは、お客さまが「値段が高い」と感じてしまい、ほとんど契約に至りません（生命保険と医療保険が、別々の契約の場合）。

例えば、医療保険を検討しているとき、興味を示した相手に対して、がん保険や三大疾病特約を紹介し、そんなに追加料金がかからなくて安心が手に入る旨を説明するといいでしょう。**ポイントは、お客さまが望んでいる商品よりも、金額的に安い商品を提示し、そこに新規の保険を組み合わせるような提案をすることです。**

最後に、**住宅の販売**はお客さまにとって非常に高い買い物となるため、保証や保守点検などもプランが費用の中に含まれているケースが多いのが実情です。そのため、後から追加提案できる商品が少ないのですが、**プランが確定し、お客さまが購入の意思を示したあたりで、住まいと密接に関連する商品、またはそれに関係する人を紹介することができます。**

事例として1つ紹介します。ほぼプランが固まり、お客さまが住宅を購入する意思が固まってきたところで、リビング埋め込み型スピーカーつきのホームシアターを提案している営業マンがいました。業者とタイアップする必要はありますが、映画が好きな方、音楽が好きな方の場合は、興味を示す可能性は高いです。

また、住宅購入をきっかけに、ライフプランを考え直すきっかけになることも多々あります。そんなときに、生命保険の見直しなどを提案し、ファイナンシャルプランナーを紹介することができます。さらに電化製品、家具、服飾品などにかける家財保険（建物の火事のときに備えた火災保険は、ローン契約時に入る）などの取扱先を紹介するのもいいでしょう。

ローンを組む銀行などで紹介されるケースもあるようですが、知らない人が多いので、お互いにお客さまを紹介しあうことになり、営業マンにとってもプラスとなります。

このように、**お客さまがある程度高額な商品を購入する意思を示したとき、購入を決断したタイミングで「関連する商品」を提案してみるのです。**とくに、保守点検サービスの提案は、お互いにウィン・ウィンになるケースが多いので、躊躇《ちゅうちょ》する必要はありません。

みなさんの販売する商品やサービスによって、追加で提案する商品が変わってきますが、営業マンの工夫しだいで、さらに売上をあげることが可能なのです。

3

自社と競合他社を分析する2つの方法

まずは明確に自社と他社を分析する

多くの営業マンは、競合他社との関係で、お客さまに提示する価格で悩んだり、商品やサービスの受注が決まらずに悩んだ経験をお持ちではないでしょうか。

私も会社員時代、競合他社のおかげで仕事を受注できなかったり、価格競争に巻き込まれたり、最後の最後で商品の採用が競合他社によってひっくり返されたりと、苦い思い出がたくさんあります。

では、**競合他社に勝って自社の製品を採用してもらうためには、どのようなことが必要なのでしょうか。**

やはり決め手は「差別化」です。ただし差別化といっても、会社によってそれぞれの強みは変わってきますし、同時に弱みもあります。つまり、営業マンはまず自社の強みと弱みを明確に分析・把握することが、競合他社に勝つ第一歩となるのです。

当然ですが、差別化をしようとした際に、まず他社との競争で真っ先に焦点があたるのが「価格」です。何でもそうですが、安いに越したことはありません。しかし、**単に価格が安いだけでは商品は売れません。**当然です、「安かろう悪かろう」では、意味がないからです。

そこで、価格とのバランスとして重要視されるのが「品質」です。**お客さまが望むのは「低価格で高品質」なものです。**しかし、品質を維持するためにかかるコストは、削るといっても限界があります。よって「価格と品質のバランス」が、売る側にとっても、お客さまにとっても決め手となるのです。

そしてもう1つ、お客さまが商品を購入する際に決め手となるのが「サービス」です。いくら低コストでいい商品でも、アフターや何かあったときのサービスが充実していなければ、やはりお客さまは購入をためらいます。充実したサービスも、その商品の価値を決めるバロメーターとなるのです。

ではこうした側面から、どのように競合他社との差別化を図ればいいのでしょうか。

ここからは、「3C分析」と「SWOT分析」という2つの分析方法を用いて、「自社と他社の強みと弱み」などを分析し「差別化」を図る考え方をお伝えします。

営業で重要なのは、やはり「分析」に他なりません。現状を正しく分析し、それに沿った提案をする。これができる営業マンになることで、仕事のスキルは大きくアップします。

「3C分析」で、自社と競合の立ち位置を知る

「3C」とは、**顧客（Customer）**、**競合（Competitor）**、**自社（Company）**の3つの頭文字を取ったもので、この3つを考えることで自社と競合の立ち位置を知ることができます。

企業によっては、若手営業マンに徹底的に自社と他社の分析をさせているところもありますが、たいていは、長年の経験から身に付いた感覚で、営業活動している人が多いのが実情です。

とくに営業初心者は、分かっているようで分かっていないケースも多いので、あらゆる面から分析してみることをおすすめします。

顧客（Customer）

以前私が担当していた小売店は、当時家電が全盛期であったこともあり、音質の

高いコンポの売上は過去最高レベルでした。よって新規開拓よりも、特定の得意先でのシェアをあげるような方針で営業をしていました。

また、この顧客内での自社のシェアを拡大する目的で、新機能の搭載を積極的に提案し、そこで他社との差別化を図っていました。これは、自社に音質へのこだわりを製品化できる高い技術力があった部分も大きいのですが、それを武器にした企画提案型営業に光明を見出した分析が、この競争に勝った大きな要因でした。

競合（Competitor）

競合を分析する場合には、まず自社と競合の強みと弱みを正確に把握します。そして、その競合先と自社はどのような点で差別化できる可能性があるのかを考えていきます。

私がＡＶメーカーに在籍していたとき、担当していたクライアントとなる会社で、競合となる会社は10社以上ありました。しかし他社の分析をしてみると、そこから自社の強みが見えてきたのです。

他社は私の会社に比べると、コンポという製品の機能は同等としても、フットワークの面があまりよくなく、商談で出た内容を次の提案にもっていくまでに、私の会社よりも時間がかかる傾向が顕著でした。その点、私の会社は営業も開発も非常にフットワークがよく、提案内容やサンプルを具現化するスピードが速い部分が何よりの強みでした。

また、自社は営業拠点が多いことから、アフターの面でもフットワークがよく、他社に比べると若干価格は高いものの、製品の提案のスピードと品質、アフターという面では明らかに自社にアドバンテージがある状況でした。

自社（Company）

ここでは、自社の魅力を分析します。魅力とまではいかなくとも、競合他社と比較して勝っていると思われる部分を徹底的に考えます。

私がこのとき在籍していた会社は、個人プレーに走る人が少なく、営業、設計、工場の連携がよくできており、みんなで協力して盛り上げていこうとする社風でした。一見当たり前に思うかもしれませんが、本当の意味で風通しがいい会社というのは少なく、会社全体での動きにまとまりがあり、かつ小回りもききました。

そこが強みだと認識し、この会社では、営業マンがお客さまとの商談で技術的な面で話が止まってしまうことがないように、常に設計部隊が営業に同行するスタイルに変え、その場で問題解決ができるようにしたのです。

その結果、競合と差別化が図れ、信頼を得ることができました。社風の分析が奏功したよい例です。同業の競合他社は、技術力では拮抗していることが多いので、営業のスタイルを変えることに勝機を見出したのです。

「SWOT分析」で、自社の強みと弱みを知る

「SWOT分析」とは、内部環境や外部環境について分析を行い、方向性や改善策

を出して戦略を考える手法です。

自社の強み（Strengths）、自社の弱み（Weaknesses）、自社にとって影響を与える機会（Opportunities）、脅威（Threats）の4つに分けます。それぞれの頭文字をとって「SWOT分析」といいます。

自社の強み（Strengths）

自社が他社よりも優れており、競合他社に勝てる要因を考えてみます。

・徹底的に音質にこだわったスピーカーを製造する技術力がある。

・会社全体でのチームプレーで素早い提案営業ができる。

自社の弱み（Weaknesses）

自社が他社よりも劣った、負ける、苦手な要因を考えてみます。

・コンポが売れていた分、デジタル化の波に会社全体が後手に回ってしまった。

・押し寄せるデジタル化に対応できる人材が不足している。

自社にとって影響を与える機会（Opportunities）

自社にとって有利で安全な、役立つ市場の変化などを考えてみます。

・デジタル化が進んでも、音質にこだわるユーザーは意外と多い。
・高音質スピーカーの技術は、デジタル化した商品にも対応できる。

脅威（Threats）

自社にとって、不利な、危険な、負担増となる変化などを考えてみます。

・もはやコンポは売れないので、生産自体を大幅に縮小せざるを得ない。
・スマートフォン向けのヘッドホンやイヤホンなどの周辺機器への事業転換が必要。

　このように、**２つの分析方法で自社と競合他社を分析していくことで、それぞれの強みと弱みを明確に把握できる**ようになり、会社自体の方針もいち早く軌道修正できます。

　営業という仕事は本来、ビジネスの最前線にいます。よって営業は、会社自体が向かう方向性さえも握る、とても重要な仕事なのです。

　そこまでの意識をもって日常の業務にあたれば、営業として一段階も二段階もレベルアップできるようになります。

4

お客さまが本当に欲しいのは「未来」だ

商品購入の先にある、期待する未来とは？

自社の商品を一生懸命アピールしている営業マンは多いものです。当然といえば当然の話です。

しかし、商品の説明をしただけで、簡単に商品が売れる時代は終わりました。同じような商品やサービスは、他社もたくさん持っています。

そこで問われるのが「**お客さまの問題が解決された未来**」です。目の前の価格、商品スペックだけでは、この時代、お客さまは単純に商品を選んでくれません。

そこに**お客さまが求めているのは、商品と営業マンとの関係における「未来」であり、その商品を購入したことによって描くことができる、自身の「未来のライフスタイル」なのです。**

営業マンはそこまで理解し、お客さまの未来にまで寄り添う形の商談が必要な時代になってきています。

だからこそ、〝できる営業マン〟と〝そうでない営業マン〟の差が顕著に現れる時代になってきたのです。

やはりトップセールスマンを目指すのであれば、「お客さまの未来」に寄り添う気持ちをもって営業活動をするのがマストです。

言い方を変えれば、お客さまに**「悩みが解決された未来」**が確実なものになると思ってもらうことができれば、みなさんの商品を購入する確率は高くなります。**ポイントは「お客さまの未来への成果」なのです。**

例えば「車の購入」であれば、家族でお出かけするために広めのミニバンがいいのか、通勤に使いたいから燃費がいい車がいいのか、見た目を重視したいので、スタイリッシュな車がいいのかなど、「変化した未来」という購入した後の姿を思い描いているのです。

正直な話、私が見てきた**トップセールスマンは、どんな業界の人でも、この「未来」の売り方が抜群に上手です。**お客さまに商品というものを通じて、「未来」を描かせるのが他の営業マンよりも圧倒的にうまいのです。

法人向けの営業でも同じです。

仮に新しいコピー機を導入することで、リース料の低減や電気代の節約、印刷スピードがあがることによる仕事の効率化など、会社にとってメリットが出ることが分かれば、経営者や総務部担当者などは、営業マンが紹介する商品が欲しくなるのです。

お客さまの未来にアプローチする質問方法

先述のように、私は営業マンをしていた頃、お客さまのニーズを聞き出し、その用途に合った製品を一緒に開発しながら、お互いに成長していくプロセスを経験してきました。

提案する商品も、お客さまの悩みが解決できたり、未来の目標とする姿を実現できる製品であれば、購入してもらえるのです。

勘違いをしている営業マンが多いのですが、商品をただ説明するだけでは、お客さまには買ってもらえません。「お客さまが求めている未来の姿」をイメージしてもらえなければ、興味すら抱いてくれません。

当然営業マンはそれを実際に購入していただくわけですから、より具体的な未来を描いてもらえるようなプレゼンが必要になります。

「この商品があれば、こんなことがこんな風に変わりますよ」

「この商品があれば、今までよりもこんなに便利になりますよ」

「その空いた時間で、こんなことやあんなことができませんか？」


といったように、具体的なイメージをお客さまの頭の中に描いてもらうのです。そのためには、お客さまのニーズを徹底的に聞き出すことが大切です。そのニーズを聞き出すときは、このような質問をしてみてください。

●未来を想像させる質問例
「将来、どうなったらいいとお考えですか？」

「どうしたら、○○さんの考える問題が解決できそうですか？」

「○○さんの考える理想の姿は、どんな感じですか？」


現実的であるか、実現可能であるかどうかは関係ありません。理想の姿を、どんどんイメージしてもらうのです。

お客さまのニーズを聞き出し、そのニーズに合わせた提案をするためには、お客さまが描く理想の姿が広がれば広がるほどいいのです。

より深く聞き出すために、このような質問も加えてみましょう！

●より深くする質問例

「具体的には、どんな感じですか？」

「何か見えている姿はありますか？」

「何か声や音が聞こえていたりしますか？」

「身体で感じている感覚はありますか？」


イメージした理想の姿をもっと膨らませるために、イメージや聞こえる音、感じる感覚を言語化してもらうのです。人によっては、イメージがどんどん出てくる人もいれば、聞こえる音などが出てくる人がいます。

そして、次の質問が大切です。

●具体的に深掘りする質問例

「なぜ、そのような理想の姿を求めているのですか?」

「なぜ、その悩みを解決したいのですか?」

この理由を聞くことで、お客さまは**「なぜ問題を解決したいのか」「なぜ悩みを解決したいのか」**がハッキリしてきます。

私が半導体商社にいた時代、自動車部品メーカーを担当していたときのお客さまの悩みは、半導体メモリからの日本企業の撤退が続き、一般的な商品とは違う、自動車載専用の仕様を満たす半導体メモリ（低温、高温でも動作するなど）の安定した供給に不安があることでした。

値段ではなく、品質と安定供給が要望だったのです。

よって私の勤める商社側が数ヶ月先までの在庫を確保し、安定した供給をする約束ができたことで、値段は高めでも取引を成立させることができました。

ここまで、お客さまの理想の姿や、未来の姿、現在の悩み、解決したい問題が分かれば、そのニーズを満たすことができる商品やサービスを提案すればいいのです。

具体的には、メーカーであれば設計開発者の同行、商社であればメーカー同行、サービスなどであれば企画担当者の同行などをするのがいいでしょう。

このように、やみくもに売りたい商品を提案するだけでは、商品は売れません。

ぜひ、「お客さまの理想の未来」「悩みが解決された未来」を聞き出し、その解決に向けた商品提案をするようにしましょう。

5 営業マンの「メンタルコントロール術」

真面目な人ほど、自分を追い込む

営業マンは、商品やサービスが売れたときはテンションがあがりますが、売れないときには、ネガティブな気持ちになってしまいます。

もし、こうした気分の上げ下げがなく、常に自分のメンタルをコントロールすることができたらどうでしょうか。いつも落ち着いた平常心を保ち、何事にも動じない営業マンは、お客さまからの信頼も必然的に強いものになります。

そう、**トップセールスマンには「鋼のメンタル」も必要なのです。**では、そのためにどうすればいいのか。その方法を紐解いていきましょう。

多くの人が営業の仕事を嫌がる理由は、ノルマがきつい、目標を達成できないと怒られる、売れなかったときが辛いなど、さまざまです。なかでもやはり、メンタルの部分で辛い思いをしたくないという人が多いと聞きます。

それだけ「数字」を抱えた営業マンのメンタルのコントロールは重要なのです。

実際、法人相手の仕事であれば、個人相手の実力主義の世界に比べると、そこまで営業成績を厳しく問われることはない傾向にありますが、それでも売上目標は必ず求められます。営業マンである以上は、会社から求められた目標数字を達成するのは必須です。

ですが、商品やサービスが常に売れるとは限りません。**売れているときは、気分もよく楽しく仕事ができるのですが、売れなかったときにこそ、どうするかが問われるのです。**

私が、営業研修先や営業コンサル先、会社員時代の部下や同僚などを見ていて思うのは、真面目な人ほど、商品やサービスが売れなかったときに落ち込んで悩むのです。中には、自分を責めてしまう人もいます。

営業マンの中には、営業成績が悪くても何とも思っていない人（本当は反省してほしいのですが……）もいるくらいですから、反省するのはとてもよいことです。しかし、自分自身を責めすぎてテンションをさげてしまっては、お客さまにアポを取ったり、訪問する気もなくなってしまいます。**自分から行動を起こせない状況を作ることになり、どんどん悪循環に陥ってしまうのです。**

これでは、せっかく掴んだ信頼関係も深まらず、お客さまからニーズを聞き出すこともできなくなり、営業成績はさがってしまう一方です。

では、どのようにメンタルを「いい状態」に保つ工夫をすればよいのでしょうか？

自分にベクトルを向けないための3つの方法

営業マンが落ち込む、テンションがさがるのは、契約が取れなかったときや、アポがとれないときなど、お客さまに何らかのことを「断わられたとき」です。そんなときに、つい自分を責めてしまいがちです。

実際には、営業マン自身が悪かったこともあるでしょう。ですが、**できる営業マンは、みなさん気持ちをすぐに切り替えています。**

上手に気持ちを切り替える方法は、言い方は悪いですが「他人」や「出来事」のせいにすり替えてしまうことです。とにかく、自分が悪いと思わないことが重要なのです。

では、自分にベクトルを向けないための3つの方法とはどんなものでしょうか。

①自分のせいだと思わない

アポが取れるかどうか、商品を購入するかどうかは、最終的にはお客さまの判断です。たとえ自分のやり方に問題があったとしても、営業マンはお客さまをコントロールすることはできません。ですので、自分を責めないことです。

事例1：アポイントがとれない

アポイントがとれない原因は、お客さまが忙しい、他の予定と重なっていて都合が悪かった、などのケースが考えられます。

これを、すべてのケースにおいて「自分が嫌われているかも」と考えてはいけません。本当にたまたま都合が悪かったというケースもあるので、自分に原因のベクトルを向けないようにしましょう。

このケースの考え方

「たまたま、お客さまのタイミングが悪かったのだな。またあらためて連絡しよう！」と考えるようにすると、気持ちが楽になります。

事例２：成約できなかった

成約できなかった理由は、たくさんあります。この理由を分析するのは、次の商談に向けての対策であり、自分を責めるためのものではありません。お客さまが商品を購入するかどうかは、どんな理由があるにせよ、お客さまが決めることです。

このケースの考え方

「うちの商品を買わないと決めたのはお客さま。仕方ないよね。次に向けて頑張ろう！」という感じで、できる限り前向きに考えましょう。

②会社の都合だと考える

営業マンが自分のことを棚にあげて、会社のせいにするのはよくないことです。しかし、あくまで自分のメンタルを強く保つために、あえてこういう考え方も紹介します。

このケースでは、会社が悪いということではなく、会社の事情で仕方なかったと考えるのです。実際に、会社の事情が商談を左右することもあります。

例えば、価格勝負となったときに、会社の上層部の判断では、競合他社の価格と勝負しない（できない）ということがあります。これは、会社側が自社の利益を考えての判断であり、営業マンではコントロールできません。

競合他社は、利益度外視で実績を作ることを重要視して価格を提示してくることもあります。他の仕事で大きな収益を見込んでいるため、もしくは、在庫が余っているための価格提示だったかもしれません。

会社が悪いと捉えるのではなく、会社の判断だと捉えるのです。

このケースの考え方

「会社の判断だから仕方ない。さあ、次に行こう」と割り切る考え方を持つことが重要です。

③出来事のせいだと考える

この場合、普段から営業活動をサボっているのは言語道断ですが、日頃の活動が足りていなかった自分を責めるのではなく、足りていなかった出来事にフォーカスを当てて、その足りていなかった出来事を理由にするのです。

事例1：訪問回数が少なかった

訪問回数が少ないということは、お客さまとの信頼関係ができていなかったことが考えられます。お客さまとの接触回数が足りていない原因は、アポが取れなかった、自分が忙しくて身動きがとれなかったなど、いろいろあるはずです。

その原因は、次回以降に修正すればいいのです。ここでは、原因を作った自分を責めるのではなく、訪問回数が少なかったことにフォーカスを当ててください。

このケースの考え方

「自分の成績が上がらないのは、やっぱり客先への訪問回数が少なかったのが原因かもしれない。次回からはもっと訪問回数を増やそう」と、あくまで前向きな反省をすることです。**自分のどこがよくなかったのかを分析するのは大切ですが、やはり自分を責めすぎないことも、自分の精神を守る1つの方法です。**

事例2：自社製品が選ばれなかった

法人営業の場合で考えると、お客さまは、その会社が求める商品や希望する仕様（スペック）があります。その仕様を満たす商品がない、もしくは開発できなかったなどは、営業マンだけの責任ではありません。お客さまのニーズを満たすために営業活動をした結果、選ばれなかったのであれば、営業マンはどうすることもできないのです。

このケースの考え方

「お客さまに合う商品が提案できなかった、仕方がない」「次回からは、もっと会社を巻き込むぞ」「可能性のありそうな案件を探すぞ」と、未来の成功を思い描くことで、過去の失敗に囚われない考え方の回路を自分の頭の中につくりましょう。

事例3：過去の実績がなかった

成約にいたる最後の決め手が、それまでの実績であることは多々あります。どんな企業でも、最初は実績ゼロからのスタートなのです。この場合は、どうしようもありません。

このケースの考え方

「他のお客さまでもっと実績を作ろう。他社ではこんなに実績があるとアピールできるようになることで、その会社での実績を生み出すことも可能だ」と考えるといいでしょう。

このように考えれば、自分で自分を責めることはなくなります。人間には失敗はつきものであり、それでいちいち自分を責めたところで、何も変わりません。営業マンとしての精神状態を良好に保つためには、冷静に事実関係を把握し、ロジカルな反省をすることで、次のチャンスに活かしていくのがベストです。

やはり営業マンは、ある程度テンションを高く保つことが必要な職業です。ぜひ、これらを実践して、営業マンとしてのメンタルを鍛えてください。

6

最後の最後は「強気に出る」ことも必要

お客さまの言いなりで、時間を損していた時代

営業マンの仕事は、お客さまの役に立つことであり、できる範囲でお客さまに協力することは、お客さまとの関係性を深めることです。

しかし、他の人から見ても、一見お客さまの役に立っているように見えるが、実は**「かなり時間を損している」という状態はいけません。**

それは、商品を買うか買わないか分からないのに、お客さまのワガママにいつまでもつき合わされることです。

例えば、私は家電量販店で、土日に自社のパソコンの販売応援として販売員をしていたときがありました。そのとき、とあるお客さまが買うようなそぶりを見せながらいろいろな不明点を長時間にわたって聞いてきました。接客に2時間以上の時間を使ったにもかかわらず、そのお客さまは言い訳して結局買わなかったということがありました。

また、ある大手メーカーの子会社から「おたくの商品の購入を検討したい」と問い合わせがあり、度重なる商品説明、サンプルの提出、図面の提出、見積書の提出、価格調整などを何度もしてきたにもかかわらず、いつまで経っても契約してもらえないということもありました。

これらは、お客さまがハッキリせず、こちらを利用するだけ利用したように見えますが、**実は営業マンも悪いのです**。途中で、買うか買わないかの判断を見誤り、コントロールできた案件を、コントロールしなかったからなのです。

いつまでも、お客さまを満足させようと、つき合っていたからいけないのです。

では、こうした場合はどのように販売や商談を進めればよかったのでしょうか?

強気に出ると、決断を促せる

個人向けに販売する営業や接客の際に多いのですが、営業マンが商談の最後にお客さまに決断を促すための**「クロージング」**をする場面があります。そのときは、お客さまの「本当に購入していいのだろうか……」という不安と、営業マンの「何とか契約を勝ち取るぞ!」という気持ちの戦いになります。

ですが、中にはそれまで何度かの商談を重ね、営業マンがお客さまとの信頼関係を掴み、商品の説明をして決断を促し、お客さまの購入に対する不安を低減したとしても、まだ、ハッキリしないお客さまも一定数は存在します。

ハッキリせず悩むということは、まだ、**お客さまの中でスッキリしていないことがある**のかもしれません。

そんなときは、スッキリしていない原因を聞き出し、その気持ちの解決に向かうことも1つの方法です。しかしそれをしても、お客さまが言い訳をするばかりで一向に解決しないケースもあります。

このようなケースで営業マンが決断を促し続けても、ハッキリした返事は永遠にもらえません。個人向け営業の場合であれば、「じっくり考えます！」と持ち帰った場合、かなりの確率で購入を断わられます。

法人向け営業でも、「上司に聞いてみないと……」と言い訳をされた場合は、数日経過した後に確認の電話やメールをしてみると、「結局、何もアクションをしてくれていない」ということも多々あります。

こんなときは、営業マンが強気に出てください！　この局面でこそ、お客さまの決断を促さないといけないときなのです。

個人のお客さまに伝える言葉としては、

「お探しのものと合わないようであれば、今購入されるべきではないですね」

「こちらも限界まで頑張りましたが、価格はこれ以上さげられません」

などとハッキリ伝えても大丈夫です。

法人のお客さまの担当者に伝える言葉としては、

「この段階で明確な意思表示がないと、次のステップに行けないと思うのですが……」

「価格だけが基準なのであれば、弊社ではもう限界かもしれません」

などと伝えてもまったく構いません。

ただし、法人営業では今までの取引状況や、現在ほかに進んでいる案件なども考慮して、「言い方」を考える必要はあるので、そこは注意しましょう。

お客さまに対して強気に出ることによって、お客さまは、「買います！」と言わないまでも、「ちょっと待って下さい、なるべく早くお返事しますから」などと、お客さま側から譲歩するようになります。

場合によっては、プライドの高い人などからは、「そんなことを言われたくありません。もういいです！」と、言われてしまうこともありますが、それでいいのです。

買う気のある人は、「買います！」、買う気のない人は、「買わない！」と、最後の最後は営業マンが強気に出ることで、相手も意思表示するようになります。どちらにしても、これで「買うか」「買わないか」がハッキリするのです。

もちろん、常にそうであるべきではありませんが、やはり**状況しだいでは、営業マンであっても強気に出ていいのです。**

「商談が前に進まない」「こちらはお客さまの条件を受け入れた」などのタイミングで、ときにはお客さまに対して、強気に提案してみてください。

実はこうして「強気に出る」ことで、お客さまの購入する確率があがることも往々にしてあるのです。

おわりに

最後までお読みいただきありがとうございます。いかがでしたでしょうか？

営業職というと、人とのコミュニケーション能力に長けた人にしか務まらない職業だと思っていた方も多かったのではないでしょうか。

実は、違うのです。人と人が信頼関係を作るために必要なことを、そのままお客さまに対して行えばいいのです。

営業という仕事において、私が確信を持って言えることは「お客さまの商品の購入は、信頼関係が構築された先にある」ということです。

商談している目の前のお客さまのために「自分は何ができるだろうか」と考えること。これが、営業の原点だと私は考えています。

営業は、目標売上、ノルマを達成するためだけの仕事ではありません。現代は、商品の価格、品質は、それほど差がなくなってきました。よって、差別化が難しくなってきています。それにともない、営業マンはますます「人間力」が問われるようになってきました。

そんな「人間力」を磨くために必要なのが、本書で解説している営業マンとしての基礎であり基本に他なりません。これを徹底して身に付けることで、営業に自信がない方でも、これからの時代は一流の営業マンになることができるのです。

最後に、今までお世話になった方にお礼を申し上げます。

無知な私に、営業という仕事を厳しく教えてくれた諸先輩方、仕事に慣れない私を広い心で受け入れてくれたお客さま、営業マンを育てる仕事を見出してくれた講師の先輩、お世話になっている取引先の方、いつも応援してくれる仲間に深く感謝致します。

平成30年2月吉日　大岩俊之

【著者紹介】

大岩俊之（おおいわ　としゆき）

理系出身で、最新のエレクトロニクスを愛する元営業マン。

大学卒業後、電子部品メーカー、半導体商社など４社で法人営業を経験。いずれの会社でも、必ず前年比150%以上の営業数字を達成。200人中１位の売上実績を持つ。

独立起業を目指すなか、「成功者はみな読書家」というフレーズを見付け、年間300冊以上の本を読むようになる。独立起業後、読書法やマインドマップ、記憶術などの能力開発セミナー講師をしながら、法人営業、営業同行、コミュニケーション、コーチングなどの研修講師として7,000人以上に指導してきた実績を持つ。現在は年間200日以上登壇する人気講師として活躍している。

主な著書に、『格差社会を生き延びる“読書”という最大の武器』（アルファポリス）、『読書が「知識」と「行動」に変わる本』（明日香出版社）、『年収を上げる読書術』（大和書房）、『１年目からうまくいく！　セミナー講師超入門』（実務教育出版）などがある。

本書をお読みくださったみなさまへ

「無料特別プレゼント」のご案内

Special Presents for Readers

特典1

無料メールセミナー

7回のメールセミナーです。

本では紹介しきれなかった、簡単で効果の出やすい営業心理法則を7つ紹介します。

特典2

営業の準備から次回約束までの流れが分かるチェックシート

こちらのリストがダウンロードできます。

企業訪問アプローチ
チェックシート（pdfファイル）

プレゼントの応募先はこちら

▼

http://role-job.com/mail25

研修、講演、取材などの依頼　info@role-job.com

口下手でもトップになれる営業術

大岩俊之 著

2018年 2月 28日初版発行

編　集－原　康明
編集長－太田鉄平
発行者－梶本雄介
発行所－株式会社アルファポリス
〒150-6005 東京都渋谷区恵比寿4-20-3 恵比寿ガーデンプレイスタワー5F
TEL 03-6277-1601（営業）03-6277-1602（編集）
URL http://www.alphapolis.co.jp/
発売元－株式会社星雲社
〒112-0005 東京都文京区水道1-3-30
TEL 03-3868-3275
装丁・中面デザイン－ansyyqdesign
印刷－中央精版印刷株式会社

価格はカバーに表示されてあります。
落丁乱丁の場合はアルファポリスまでご連絡ください。
送料は小社負担でお取り替えします。

ISBN 978-4-434-24395-0 C2034